Wunschkind

wie sich eine Singlefrau ihren größten Wunsch erfüllt

Maggie Schwarz

WUNSCHKIND

wie sich eine Singlefrau ihren
größten Wunsch erfüllt

Impressum

Herausgeber: Frances Böhlert
Scheinerstraße 22
81679 München
Druck: epubli - ein Service der neopubli GmbH,
Berlin

„Du bist mein Leben. Du bist mein Glück.
Ohne dich bin ich nichts."

Mutterliebe ist das stärkste Band im Leben. Jeder Frau, die dieses unsagbare Glück, das eine Mutter empfindet, wenn sie ihr Kind im Arm hält, erleben möchte, wünsche ich die Kraft und Hoffnung, an diesem Traum festzuhalten. Denn er ist es wert!

Ich bin mir nicht sicher, aber ich glaube, es war der 05. Januar 2014, als ich mich dazu entschieden habe, dich zu bekommen. Diese Entscheidung fiel mir nicht leicht und war geprägt von vielen Gesprächen, Überlegungen und Erfahrungen, die ich in den Jahren zuvor durchlebte. Kinder zu haben war für mich immer selbstverständlich. Diese Tatsache stand für mich nie infrage. Von klein auf stellte ich mir mein Leben so vor: Schule, Arbeit, Heiraten, Kinder kriegen. Aber leider läuft es im Leben nicht immer so, wie man sich das vorgestellt hat. In der Liebe wollte es einfach nie so richtig klappen, weshalb ich mich auf die Arbeit konzentrierte und versuchte einen Weg zu finden, der mich zufriedenstellt. Angekommen bei einem Dienstposten, den ich mir nie zu träumen wagte, fragte ich mich, wie es weiter geht. Die Hoffnung auf die große Liebe hatte ich schon längst aufgegeben und auch keine Kraft mehr an der Hoffnung festzuhalten oder auch nur einen Schritt vorwärts zu wagen. Mich für dich zu entscheiden war dagegen leicht. Mittlerweile hatte ich mich daran gewöhnt, keinen Mann an meiner Seite zu haben. Aber ich konnte mir nicht vorstellen, ohne dich zu sein!“

Mit diesen Worten beginnt das Album, dass ich während der Schwangerschaft für meinen Sonnenschein angelegt habe. Es enthält Ultraschall-bilder, Fotos und eine Menge an Erinnerungen an die Schwangerschaft und das erste Lebensjahr, die ich unbedingt festhalten wollte. Dieses Album bedeutet mir sehr viel, ich habe es mit all meiner Liebe gestaltet und hoffe, dass es immer zeigen wird, wie sehr mein kleiner Schatz geliebt wird. Inzwischen bin ich sechsunddreißig Jahre alt und überglückliche Mutter eines unglaublichen siebzehn Monate alten Wunders, das mein Leben so sehr bereichert, mich quasi vervollständigt. Der Weg hierhin war nicht immer leicht, aber ich bin ihn gegangen, allein, ohne Mann an meiner Seite. Dafür mit der Unterstützung meiner Familie und meiner Freunde, die immer für mich da waren und mich in meiner Entscheidung bestärkt haben, wofür ich ihnen allen sehr dankbar bin.

Als Singlefrau mit Kinderwunsch steckt man in einer Zwickmühle. Man möchte ein Baby, aber es fehlt der entscheidende Part dazu, ein Mann. Viele würden jetzt sagen bzw. haben zu mir gesagt, geh doch in eine Bar oder suche dir irgendeinen Typen, wenn dein Kinderwunsch so groß ist. Sogar meine damalige Frauenärztin war der Auffassung, dass ich meinen Kinderwunsch durch einen Barbesuch und ungeschützten Geschlechtsverkehr mit einem wildfremden Mann erfüllen könnte. Mal abgesehen von den Geschlechtskrankheiten, die man sich dabei zuziehen könnte und der statistisch gesehen recht geringen Wahrscheinlichkeit spontan schwanger zu werden, wie erkläre ich das später meinem Kind? Dein Vater ist irgendein Typ, den ich in einer Bar kennengelernt habe? Für mich kam das nicht infrage. Wenn es keinen Mann gab, mit dem ich mir eine Beziehung vorstellen konnte, wie konnte es dann einen Mann geben, von dem bzw. mit dem ich ein Kind bekommen möchte. Es musste einen anderen Weg geben und nach dem habe ich lange gesucht.

Kurz zu meiner Vorgeschichte. 2007 hatte ich fürchterliche Schmerzen im Unterleib. So starke Schmerzen, dass ich kaum sitzen konnte. Meine damalige Frauenärztin konnte bei der Untersuchung und auch im Ultraschall nichts feststellen und überwies mich direkt ins Krankenhaus. Dort wurde ich erst einmal zur Beobachtung aufgenommen. Die Ärzte im Krankenhaus konnten jedoch auch nichts feststellen. Der zuständige Chirurg meinte zu mir, dass sie mich mal aufmachen müssten, um zu schauen, was da los ist. Mir war bereits im Vorfeld klar, dass es letztlich auf eine Operation hinauslaufen würde, aber diese alles andere als feinfühlige Äußerung fand ich mehr als nur unangebracht. Am liebsten hätte ich ihn angeschrien und ihm ordentlich die Meinung gegeigt, aber das hätte sicher eh nichts gebracht, also habe ich versucht, mich im Zaum zu halten. Als er dann auch noch – in einem Tonfall, als wäre es völlig unnötig – fragte, ob ich noch Kinder möchte, wäre ich ihm gerne an die Gurgel gegangen. Stattdessen antwortete ich nur schnippisch „Ja, natürlich!", was er still zur Kenntnis nahm. Bis heute verstehe ich nicht, was das sollte. Vielleicht sah ich es auch nur so kritisch, weil das für mich ein sensibles Thema war. Das war nämlich nicht meine erste Operation am Unterleib.
Bereits mit 17 Jahren musste ich unters Messer. Damals hatte ich keine Schmerzen. Bei einer

Routineuntersuchung stellte meine Frauenärztin eine Zyste an meinem linken Eileiter fest. Sie erzählte mir, dass es sich um eine sogenannte Schokoladenzyste handeln würde, über die ich mir keine Gedanken machen müsse und machte mir eine zeitnahe Operation schmackhaft, damit ich rechtzeitig zu Beginn der Sommerferien wieder fit bin. Trotzdem machte ich mir Sorgen, konnte aber nicht klar denken und nickte alles ab, was sie mir erklärte. Ich verfiel regelrecht in eine Starre. Erst als ich die Praxis verlassen hatte, konnte ich klarer denken, war aber total ratlos. Mit rasendem Herz eilte ich zur nächsten Telefonzelle, rief meine Mutter an und erzählte ihr unter Tränen, dass ich ins Krankenhaus musste. Das war zu viel für mich, Angst und Panik ergriffen mich und ich bekam nicht mehr alle Fakten zusammen. Da ich noch minderjährig war, ging meine Mutter am nächsten Tag zu meiner Frauenärztin, um sich über den Befund aufklären zu lassen.
Ihr erzählte sie, dass es gar keine Schokoladenzyste sei und ich höchstwahrscheinlich meinen linken Eierstock verlieren würde. Als mir meine Mutter das erzählte, war ich entsetzt und enttäuscht, dass meine Ärztin mich dermaßen belogen hatte. Sicherlich wollte sie mich nicht beunruhigen, da sie im Ultraschall nicht genau ausmachen konnte, was es war, aber eine ehrliche Aussage wäre mir lieber gewesen. So ging ich mit der Angst ins Krankenhaus meinen linken Eierstock zu verlieren. An Krebs wollte ich nicht denken und schob diesen Gedanken direkt wieder weg, um mich nicht verrückt zu machen. Es stellte sich heraus, dass es ein zystischer Tumor war. Er

hatte ein Volumen von 400 ml und war an meinem linken Eileiter und linken Eierstock angewachsen. Zum Glück war das Gewebe gutartig und ich musste mir wirklich keine Sorgen wegen einer Krebserkrankung machen. Meinen Eierstock konnten sie retten, aber der linke Eileiter musste etwas gekürzt werden. Mir wurde versichert, dass auch, wenn dieser verkleben würde, der rechte Eileiter für eine Schwangerschaft ausreicht. Nach dieser Operation hatte ich keine Beschwerden mehr, bis zum Sommer 2007.

Nun stand also die zweite Unterleibsoperation an und ich machte mir wieder Sorgen, ob ich dieses Mal die Diagnose Krebs erhalten würde. Zum Glück war es nicht so. Die Schmerzen, die ich hatte, wurden scheinbar von Verwachsungen am Darm verursacht. Es wurden auch einige Endometrioseherde entfernt. Als ich fragte, was Endometrioseherde sind, hieß es nur, das hätten viele Frauen und damit war das Thema für den Chirurgen auch schon erledigt. Da ich ziemlich genervt von ihm war, fragte ich auch nicht weiter nach und machte mir keine weiteren Gedanken deswegen. Vielmehr interessierte mich, was mit meinem linken Eileiter ist. Im Vorgespräch hatte ich darum gebeten, eine Chromopertubation durchzuführen, bei der die Eileiter mit einer Flüssigkeit durchgespült werden, um deren Durchlässigkeit zu überprüfen. Leider wurde dabei festgestellt, dass der linke Eileiter zugewachsen ist.

Einige Wochen später erhielt ich einen Brief vom Krankenhaus mit dem OP-Bericht, in dem als Diagnose Endometriose stand. Da wir nicht über diesen Befund gesprochen hatten, wusste ich nicht was das ist und suchte zunächst im Internet nach näheren Informationen. Hierzu kann ich im Nachhinein nur sagen, mach das nicht! Nicht alles was im Internet steht, stimmt und kann weiterhelfen. Wende dich in solchen Fällen immer gleich an einen Arzt und lass dich entsprechend beraten. Aber zurück zu mir. Als ich Endometriose in die Google-suchmaschine eingab, kam als erster Treffer in fetten Druckbuchstaben „UNERFÜLLTER KINDERWUNSCH". Mein Herz schlug mir plötzlich bis zum Hals und mir liefen die Tränen. Geschockt las ich weiter und informierte mich ausführlich auf den verschiedensten Seiten zu diesem Thema. Noch am selben Tag vereinbarte ich einen Termin bei meiner Frauenärztin, um mit ihr über den Befund zu sprechen und nach einer Therapiemöglichkeit zu fragen. Dazu hatte ich nichts im Internet gefunden. Sie konnte mir leider keine positiveren Informationen als die geben, die ich schon hatte. Ich hätte mir eine sanftere Aufklärung über mein Krankheitsbild gewünscht. Um die Endometriose einzudämmen, riet mir meine Ärztin dazu, die Pille Valette, ohne Pause durchzunehmen. Sie sollte verhindern, dass ich einen Zyklus habe. Denn die Endometrioseherde, die sich - bisher noch aus unerklärlicher Ursache - außerhalb der Gebärmutter an den verschiedensten Organen bilden können, bluten hormonbedingt genau so aus, wie die Gebärmutter während der Menstruationsblutung. Dadurch können dann Zysten und Verwachsungen entstehen, die Eileiter können verkleben und es kann letztendlich zu Unfruchtbarkeit führen. Ab diesem Tag war mein Kinderwunsch stärker denn je, denn nun wusste ich, dass es für mich höchstwahrscheinlich nicht einfach sein würde schwanger zu werden.

Da ich mich nun mit diesem Gedanken auseinandersetzen musste, informierte ich mich weiter und beschäftigte mich ausführlich mit dem Thema künstliche Befruchtung.
Bei meiner Recherche musste ich erfahren, dass es hier in Deutschland für Singlefrauen nicht einfach bzw. fast unmöglich ist, durch künstliche Befruchtung schwanger zu werden. Warum das so ist, konnte ich allerdings nicht herausfinden. Auf den verschiedensten Internetseiten wurde dieses Thema meist als Grauzone in der Medizin beschrieben. Es sei zwar nicht verboten Singlefrauen und auch lesbische Paare durch künstliche Befruchtung zum erfüllten Kinderwunsch zu verhelfen, jedoch fand ich keinen Arzt bzw. keine Kinderwunschklinik oder Samenbank, die diesen Weg unterstützen. Allerdings fand ich heraus, dass man sich künstlich befruchten lassen kann, wenn man selbst einen Samenspender organisiert, der bereits im Vorfeld die Vaterschaft anerkennt. In dem Moment dachte ich direkt an einen guten Freund von mir, verwarf den Gedanken aber schnell wieder, weil es mir kurios vorkam. Allerdings konnte ich nicht umhin ihn über meine Rechercheergebnisse zu informieren. Bevor ich das Thema in die richtige Richtung lenken konnte, um ihn eventuell doch zu fragen, ob er dazu bereit wäre mir bei meinem Kinderwunsch zu helfen, meinte er, dass er das sofort machen würde. Ich war überrascht, aber

froh, dass er so reagiert hatte. Da es zu diesem Zeitpunkt für mich jedoch kein Thema war, redeten wir nicht weiter darüber und ich brach meine Recherche vorerst ab. Allerdings versprach ich mir, mich spätestens mit fünfunddreißig Jahren, also in sieben Jahren, wieder damit auseinanderzusetzen. Hoffte aber, dass ich bis dahin den Mann meiner Träume gefunden hätte und vielleicht sogar schon Mutter wäre.

Im Laufe der Zeit kam das Thema Kinderwunsch immer wieder auf. Vor allem wenn Freundinnen oder Bekannte schwanger wurden oder heirateten. Zwar habe ich mich immer für sie gefreut, aber irgendwie machte es mich auch traurig. Immerhin war ich diejenige aus unserer Clique, die immer schon früh Kinder wollte und nun war ich die Letzte im Bunde, die weder Mann noch Kinder hatte. Dieses Glück, das meine Freundinnen erfuhren, wollte ich auch. Allerdings wusste ich nicht, wie ich das erreichen sollte. Gefangen in meinem Schneckenhaus drehte ich mich immer wieder im Kreis und versuchte mir mein Leben schön zu reden, obwohl ich ganz genau wusste, dass es das nicht war.

Aus der zunächst flapsigen Idee mit meinem guten Freund ein Kind zu bekommen wurden nach und nach ernsthafte Gespräche. Mal sprach ich es an, mal er. Jeder machte sich seine Gedanken dazu. Allerdings kamen wir nie so richtig auf einen Nenner. Im Grunde wünschte ich mir nur einen Samenspender für mein

Kind, er wollte auch die Vaterrolle übernehmen. Wogegen ich grundsätzlich nichts einzuwenden hatte, aber Unterhalt zahlen wollte er nicht. Als er sagte, er möchte keine künstliche Befruchtung, sondern es „richtig machen" wurde es schon kompliziert, bevor es überhaupt richtig ernst wurde. Was meinte er wohl damit? Ging es ihm nur um Sex oder meinte er damit eventuell sogar eine Beziehung, also eine richtige Familie. Letzteres konnte ich mir zu diesem Zeitpunkt mit ihm sogar vorstellen, allerdings stand ich mit diesem Bild letztlich alleine da. Unsere Vorstellungen gingen leider so sehr auseinander, dass sich diese Möglichkeit für mich nicht mehr bot und ich hoffte weiterhin auf Plan A, den Mann meiner Träume noch zu treffen.

Die Zeit verging schneller, als mir lieb war. Zwischenzeitlich musste ich mich noch einer Operation am Unterlieb unterziehen, nach der mir eröffnet wurde, dass mein linker Eierstock nicht mehr funktionsfähig ist. Ratlosigkeit folgte auf Wut und schnürte mir die Kehle zu, als ich davon erfuhr. Damit war die linke Seite also komplett hinüber. Meine Ärztin beruhigte mich aber damit, dass der rechte Eierstock und Eileiter völlig in Ordnung seien und einer Schwangerschaft daher nichts im Wege stehen würde. Das beruhigte mich und ich schöpfte Hoffnung, dass es wirklich so sein würde.
In der Liebe tat sich allerdings nichts, dafür konnte ich beruflich mehr Erfolge verzeichnen. Nach einem späten Studium und einigen Anstellungen, fand ich mich in einem Dienstposten wieder, an den ich am

Anfang meines Berufslebens nie im Leben gedacht hätte. Beruflich hatte ich alles erreicht, aber privat fragte ich mich, wo all die Jahre geblieben sind. Was war nur passiert? Wie konnte ich nur so viele Jahre verstreichen lassen, ohne das Glück zu finden, das sich vermutlich jeder wünscht? Wenn ich daran dachte, hatte ich oft das Gefühl, nicht mehr atmen zu können. Was nur machte mir so viel Angst? Die Liebe hatte ich zwar nicht aufgegeben, aber ich konnte mich auch nicht aufraffen wieder danach zu suchen. Nach meiner letzten gescheiterten Beziehung war ich so tief verletzt, dass ich zu lange brauchte, mich davon zu erholen. So lange bis ich nicht mehr wusste, wie ich das Glück in der Liebe noch einmal finden könnte. Also versuchte ich es gar nicht erst. So verstrichen die Jahre und Resignation trat ein. Der Kinderwunsch allerdings blieb. Der Gedanke ohne Mann an meiner Seite alt zu werden ist zwar nicht schön, aber macht mir keine Angst. Der Gedanke nie Mutter zu sein dagegen erfüllte mich mit solcher Angst, dass sich meine Brust zuschnürte. Das konnte ich nicht zulassen. Also musste ich endlich aufstehen und etwas unternehmen.

Bereits mit vierunddreißig Jahren stellte ich mich meinem Kinderwunsch und musste einsehen, dass der Mann meiner Träume und das Wunschkind in nächster Zeit nicht ohne weiteres in mein Leben treten würden.

Die Recherche zum Thema künstliche Befruchtung ging also weiter. Leider hatte sich nicht viel verändert. Noch immer war künstliche Befruchtung bei Singlefrauen und lesbischen Paaren eine rechtliche Grauzone. Daher informierte ich mich über andere Wege schwanger zu werden, ohne ärztliche Unterstützung. Wie man häufig in Reportagen zum Thema Kinderwunsch sehen kann, gibt es die sogenannten Becherspender. Es gibt hierzu sogar einige Internetaufritte, in erster Linie Foren, in denen sich Männer als Spender anbieten. Manche erwägen sogar einen sexuellen Kontakt. Wobei ich mich frage, ob es hier wirklich um eine Spende geht. Bei der Becherspende sucht man sich den Spender quasi anhand seiner Angaben aus. Man kann sich zwar ärztliche Befunde bezüglich ansteckender Krankheiten etc. geben lassen, aber besonders vertrauenswürdig finde ich das nicht. Der Gedanke, mich mit einem fremden Mann zu treffen, um mir seinen Samen in einem Becher geben zu lassen, hat mich abgeschreckt. Auch die Vorstellung Spendersamen bei einer Samenbank in den Niederlanden oder Dänemark online zu bestellen und mir selber einzuführen, fand ich nicht besonders ansprechend. Bei meiner Fingerfertigkeit befürchtete ich, nachher noch meine Couch, anstatt mich zu befruchten. Die Frage war auch, ob ich alleine den richtigen Zeitpunkt des Eisprungs feststellen konnte. Diese Möglichkeiten waren mir zu unsicher und kamen daher nicht für mich infrage. Auch über die Gründung einer Regenbogenfamilie habe ich mir Gedanken gemacht. Es gibt viele schwule Paare, die sich Kinder wünschen und per Samenspende mit einer alleinstehenden Frau eine Familie gründen. Allerdings konnte ich mir nicht vorstellen, ein Kind mit zwei Vätern aufzuziehen. Zu groß war auch die Befürchtung bei wichtigen

Entscheidungen immer überstimmt zu werden. So suchte ich frustriert nach weiteren Möglichkeiten.

In München fand ich einen Arzt, der Inseminationen bei Singlefrauen und auch bei Frauen in lesbischer Lebensgemeinschaft durchführte. Unter einer Insemination versteht man die Übertragung männlicher Samenzellen mittels eines Katheders in die Gebärmutter. Der Internetauftritt des Arztes gab einige Informationen zum Verfahren und auch zu den Kosten. Ich rechnete alles durch und vereinbarte freudig einen Beratungstermin.

Damit war die Entscheidung gefallen, ich würde mich mittels Insemination künstlich befruchten lassen. Nun war es an der Zeit, meine Entscheidung auch kundzutun. Ehrlich gesagt fiel mir das ziemlich schwer. Denn wenn ich es erst gegenüber jemandem laut ausgesprochen habe, ist es wirklich wahr. Plötzlich überkam mich Angst und ich begann zu zweifeln.
Zuerst sprach ich mit einer Kollegin darüber, mit der ich schon oft über meinen Kinderwunsch gesprochen hatte. Obwohl wir an sich nur Kolleginnen waren, hatten wir ein freundschaftliches Verhältnis zueinander. Weil ich nicht so recht wusste, wie ich es sagen sollte, zögerte ich und redete um das eigentliche Thema herum. Weshalb sie erst dachte, ich hätte mich dagegen entschieden. Mit zitternder Stimme und Tränen in den Augen sagte ich dann aber, dass ich mich für eine künstliche Befruchtung

entschieden hatte. Es war endlich raus und ein riesiger Druck fiel von mir ab. Sie bestärkte mich direkt in meiner Entscheidung und sprach mir gut zu. Das gab mir Kraft auch andere Freundinnen und vor allem meine Eltern in meine Pläne einzuweihen. Noch am selben Abend rief ich meine Mutter an. Mein Herz raste, zaghaft und mit zurückhaltender Stimme erzählte ich ihr von meiner Entscheidung, meinen Kinderwunsch ohne Mann zu verwirklichen und dem bevorstehenden Beratungstermin. Ich hatte mit allem gerechnet, aber nicht damit, dass sie sagt, sie hätten sich bereits gedacht, dass es bei mir mal so kommt. Im ersten Moment war ich verletzt, was sollte das bitte heißen, aber dann war ich froh, dass es für sie in Ordnung war und sie mich in meiner Entscheidung unterstützten. Auch im Freundeskreis erfuhr ich durchweg positive Reaktionen. Nach und nach erzählte ich es meinen Freundinnen. Jedes Mal mit zittriger Stimme und verkrampftem Magen, aus Angst vor ihrer Reaktion. Zu meiner Überraschung haben alle positiv reagiert und mir ihre Unterstützung zugesichert. Damit hatte ich nicht gerechnet. Niemand hat mich ausgelacht oder versucht, mir meinen Plan auszureden.

Allerdings muss ich zugeben, dass ich zu Anfang nicht all meinen Freunden davon erzählt habe. Zunächst nur den Freundinnen, mit denen ich zu der Zeit viel Kontakt hatte und auch nur jene, von denen ich wusste bzw. ahnte und hoffte, dass sie mich verstehen würden. Bei einigen war ich mir nicht sicher, wie sie reagieren würden und befürchtete, dass sie meine Entscheidung nicht gut heißen

würden. Damit wollte ich mich zu diesem Zeitpunkt nicht auseinandersetzen, weshalb ich es ihnen gegenüber vorerst nicht erwähnte.
Es gab durchaus kritische Fragen, wie zum Beispiel, ob ich mir das gut überlegt hätte oder ob ich mir bewusst sei, was ich als alleinerziehende Mutter für eine Verantwortung haben würde. Kritische Fragen, die ich mir alle selber schon gestellt hatte. Trotzdem war ich mir sicher. Immerhin gibt es viele Kinder auf der Welt, die nur mit einem Elternteil aufwachsen. Warum das so ist, ist doch letztendlich egal. Eine glückliche Familie ist meiner Meinung nach wichtiger, als eine Familie, die aus Mutter und Vater besteht. Es gibt so viele Kinder, die ungewollt, mit Streit zwischen den Eltern, mit getrennten Eltern, Hass, Gewalt oder fehlender Liebe aufwachsen.
Mein Kind hätte zwar keinen Vater, aber es wäre gewollt und geliebt, und ich würde alles tun, damit es glücklich aufwächst.

Eigentlich hätte ich es schon vorher wissen müssen, aber die Hoffnung stirbt ja bekanntlich zuletzt. Mit großer Hoffnung und Erwartung ging ich Anfang Februar zu dem bis dahin vermutlich wichtigsten Termin in meinem Leben, um mich über die Möglichkeit einer Insemination beraten zu lassen. Mit der festen Überzeugung, in nächster Zeit durch eine Insemination schwanger zu werden, betrat ich die besagte Praxis. Der Termin war am späten Nachmittag außerhalb der regulären Sprechzeiten. Die Praxis war leer und machte einen recht düsteren Eindruck. Die Einrichtung war recht alt – wie auch der

Arzt. Er wirkte ehrlich gesagt nicht besonders sympathisch auf mich. Daher fühlte ich mich alles andere als wohl. Aber ich riss mich zusammen, zahlte im Vorfeld brav meine achtzig Euro für dieses Beratungsgespräch und ließ mich darauf ein. Er erklärte mir einleitend seine Arbeit, das Verfahren, das er anwendete und klärte mich über die rechtliche Situation in Deutschland auf. Endlich verstand ich, das deutsche Erbrecht ist das Problem. Nach deutschem Recht hat jedes Kind einen Erbanspruch gegenüber seinen Eltern. Das heißt, ein Spenderkind hätte einen Erbanspruch auf das Erbe des Samenspenders. Deshalb muss jede Frau, die eine Samenspende in Anspruch nimmt, einen Mann vorweisen, der die Vaterschaft bereits im Vorfeld anerkennt. Bei verheirateten heterosexuellen Paaren ist das kein Problem, weil das Kind auch bei einer Fremdspermaspende ehelich geboren wird und das Paar somit alle gesetzlichen Rechte und Pflichten gegenüber dem Kind hat. In dem Moment dachte ich mir nur, wenn ich diesen Mann hätte, säße ich vermutlich nicht hier und musste wieder an meinem guten Freund denken, mit dem ich mir einst vorstellen konnte, ein Kind zu bekommen. Für die von ihm durchgeführten Inseminationen bei Singlefrauen und lesbischen Paaren muss der Spendersamen daher im Ausland bestellt werden, um das deutsche Erbrecht zu umgehen. Er nannte mir zwei Samenbanken, mit denen er zusammenarbeitet und zeigte mir deren Internetauftritt. Die Samenbanken befanden sich in Dänemark und den Niederlanden. Es war im Grunde wie Onlineshopping. Man kann sich

dort Sperma nach Haarfarbe, Augenfarbe, Blutgruppe und sogar Beruf aussuchen. Wobei er mir riet, alleine nach dem Beruf auszuwählen. Dieses Kriterium fand ich nicht so wichtig, aber er war der Meinung, dass die Intelligenz wichtiger sei, als die Haarfarbe. Bei der einen Datenbank konnte man sich - gegen einen entsprechenden Aufpreis natürlich - sogar ein Kinderbild des Spenders anzeigen lassen.
Nachdem wir meine Krankheitsgeschichte durchgegangen waren, empfahl er mir plötzlich eine IVF-Behandlung, also eine künstliche Befruchtung im Labor bzw. im Reagenzglas, wie man umgangssprachlich so „schön" sagt. Zunächst war ich geschockt. Immerhin war ich doch wegen einer Insemination dort. Er erklärte mir jedoch ausführlich die Statistiken und die geringe Wahrscheinlichkeit einer spontanen Schwangerschaft in meinem Alter und mit meinen Vorbefunden. In aller Ruhe erläuterte er mir die Kinderwunschbehandlung mit einer IVF-Behandlung und empfahl mir letztendlich eine Klinik in Spanien, mit der er zusammenarbeitet. Er versicherte mir zwar, dass er von der Kooperation nicht profitiere, erwähnte sein Ferienhaus im gleichen Ort aber so oft, dass ich ihm das nicht so richtig glauben konnte. Allerdings fand ich es schon fair von ihm, mir von einer Insemination abzuraten, obwohl er damit hätte Geld verdienen können. Vielleicht lag es aber auch daran, dass er im nächsten halben Jahr in den wohlverdienten Ruhestand treten wollte und somit eh nicht an mir verdient hätte.

Völlig verwirrt und übersättigt mit Informationen zu Insemination, deutschem Erbrecht, Samenbanken, IVF-Behandlung und dem Gedanken, dass ich nie ein Kind haben werde, ging ich aus dieser Praxis. Wie in Trance stolperte ich zur U-Bahnstation, wartete auf die nächste Bahn, stieg ein und setzte mich hin. Die Tränen flossen lautlos über meine Wange, während ich versuchte meine Gedanken zu ordnen. Um mich herum nahm ich nichts wahr, ich wollte einfach nur nach Hause und weinen. Als ich dann endlich zu Hause war, brach es aus mir heraus. Ich weinte, bitterlich, laut und mit vielen Tränen. Der ganze Schmerz überkam mich, ich würde nie Kinder haben. Ich war am Boden zerstört. Anders kann man es nicht sagen. Ich war einfach verzweifelt und wusste nicht, wie es weiter gehen sollte. Eine IVF-Behandlung? Wirklich? Ich? Soll ich das machen? Das wollte ich nicht, aber ich wollte ein Kind. Hin- und hergerissen hockte ich in meinem Badezimmer auf dem kalten Fliesenboden und gab mich meiner Verzweiflung hin.

Nachdem ich mich etwas beruhigt hatte, rief ich meine Mutter an. Es fiel mir nicht leicht ihr alle Einzelheiten des Arztbesuches zu erzählen, ohne dabei zu weinen. Sie hörte sich alles ruhig an, ohne mich zu unterbrechen. Als ich ihr von meinen Zweifeln gegenüber einer IVF-Behandlung berichtete, rechnete ich damit, dass sie mir das Ganze ausreden würde und mich in meinem Gefühl bestätigen würde, dass sich mein Plan erledigt hätte. Stattdessen riet sie mir zu der IVF-Behandlung. Sie machte mir Mut. Mut diesen Weg zu gehen und alle Hindernisse zu überwinden. Da ich mir aber so unsicher war, ob ich das wirklich wollte, redeten wir lange über die Alternativen. Irgendwie graute es mir vor einer IVF-Behandlung. Daher überlegte ich, ob ich es zunächst doch mit der Insemination versuchen sollte. Wir rechneten es anhand der Informationen, die mir der Arzt gegeben hatte, durch. Allerdings war nicht absehbar, wie viele Versuche nötig wären, bis ich schwanger wäre. Nachher hätte ich circa dreitausend Euro für mehrere Inseminationen ausgegeben, um mich dann doch für eine IVF-Behandlung entscheiden zu müssen. Um mir diese eventuell unnötigen Kosten und auch die psychische Belastung solch einer Behandlung zu ersparen, die vermutlich von vornherein aussichtslos war, riet meine Mutti mir dazu, direkt mit einer IVF-Behandlung zu starten. Sie hatte zwar Recht, aber ich konnte an dem Gedanken einer künstlichen Befruchtung im Reagenzglas nicht so schnell Gefallen finden. Hatte ich mich doch erst mit der Entscheidung der Insemination angefreundet. Nun musste ich mich mit der Überlegung, mich für eine IVF-Behandlung zu entscheiden, auseinandersetzen. Es tat aber gut zu wissen, dass meine Familie hinter mir stand. In dieser Nacht lag ich lange wach und überlegte, was ich machen sollte. Letztendlich war der Kinderwunsch stärker als die Angst vor dieser Behandlung, so entschied ich mich dafür. Nun musste ich überlegen, wie ich weiter vorgehe. Über die aktuellen Entwicklungen informierte ich natürlich auch meine Freundinnen, die ich zuvor schon in meinen Plan eingeweiht hatte. Sie fanden meine

Entscheidung mutig und bestärkten mich auch weiterhin, mir meinen Kinderwunsch zu erfüllen.

Anhand der Informationen, die mir über die empfohlene Kinderwunschklinik in Spanien vorlagen, rechnete ich alles durch. Allzu viele Daten lagen mir leider nicht vor. Auf der Homepage dieser Kinderwunschklinik gab es nur wenig Angaben zu der Behandlung. Es war lediglich ersichtlich, dass die Behandlung siebentausend Euro und die Samenspende zusätzlich dreihundert Euro kosten würden. Zusammen mit den Reisekosten und den Ausgaben für die Medikamente für die Hormonbehandlung, rechnete ich großzügig mit zehntausend Euro. Geld, das ich zu dem Zeitpunkt nicht hatte. Daher musste ich erst einmal sparen, um die Kinderwunschbehandlung eventuell Anfang des nächsten Jahres finanzieren zu können. Diesen Plan besprach ich natürlich auch mit meiner Mutter. Als ich ihr erzählte, was die Behandlung ungefähr kosten würde und wie lange ich ungefähr sparen müsste, überraschte sie mich wieder, indem sie sagte, dass sie mich auch dabei unterstützen werden. Damit hatte ich nun wirklich nicht gerechnet. Es war immerhin eine ganze Menge Geld. Aber sie versicherte mir, dass das in Ordnung ist. Das sei das Geld, das quasi meine Aussteuer und mein Erbe gewesen wäre. Da ich es zu diesem Zeitpunkt bräuchte, würden sie es mir lieber für die Behandlung geben wollen. Mir fiel zunächst eine Last von den Schultern und ich war meinen Eltern in diesem Moment so dankbar, dass ich weinen musste. Dann zweifelte ich jedoch, ob ich dieses

Angebot wirklich annehmen konnte. Da es sowieso noch dauern würde, bis ich mit der Behandlung starten konnte, hätte ich genug Zeit zum Sparen gehabt. Denn bevor ich eine Kinderwunsch-behandlung starten konnte, wollte ich mich noch einmal operieren lassen, um eventuell vorhandene Endometrioseherde und Verwachsungen entfernen zu lassen. Zudem müsste ich auch erst einmal einen Zyklus bekommen, was aufgrund der jahrelangen Hormongabe dauern konnte. Deshalb schlug ich das Angebot meiner Eltern die Finanzierung zu übernehmen, nach anfänglicher Euphorie aus. Allerdings akzeptierte meine Mutter diese Entscheidung nicht und überzeugte mich davon, mein Erspartes lieber für die Erstausstattung zu nutzen. Nach langem Zögern und Diskutieren stimmte ich letztlich zu. Nun konnte es direkt losgehen und ich schöpfte wieder Hoffnung.

Zunächst vereinbarte ich einen Termin bei meiner Frauenärztin, um meinen Kinderwunsch mit ihr zu besprechen. Dieser Termin holte mich wieder etwas auf den Boden der Tatsachen zurück.
Es war immer so ein Hin und Her zwischen „Ja, ich bekomme ein Baby." und „Ich werde nie Kinder haben.".
Als ich meiner damaligen Frauenärztin von meinem Plan berichtete, war ihre erste Reaktion die Frage „Wo kommt denn auf einmal der Kinderwunsch her?". Eigentlich fühlte ich mich immer gut aufgehoben bei ihr. In Bezug auf die Endometriose hatte sie mich immer gut beraten und betreut. Seit ich bei ihr in

Behandlung war, nahm ich ein Medikament gegen die Endometriose, die Visanne. Es gab dieses Medikament noch nicht lange. Es hat im Grunde die gleiche Wirkung wie die Valette, die ich zuvor genommen hatte, lediglich der Teil mit der Verhütung fehlt und das Beste, die Krankenkasse übernimmt die Kosten. Über meine Ängste zum Thema Kinderwunsch konnte ich aber nie mit ihr sprechen. Als ich es einmal versuchte, musste ich mir anhören, dass ich mich nicht so anstellen sollte, es gibt immerhin Menschen, die viel schlimmere Krankheiten hätten. Bei solch einer Aussage habe ich nie wieder versucht, mit ihr über dieses Thema zu sprechen. Natürlich hatte sie Recht. Aber darf ich mir denn nicht trotzdem Gedanken darüber machen und auch mal traurig sein, weil ich einen unerfüllten Kinderwunsch hatte? Trotz allem sicherte sie mir ihre Unterstützung zu, worüber ich froh war, aber dennoch verließ ich die Praxis mit einem unguten Gefühl.
Die Suche nach der passenden Kinderwunschklinik begann. Zunächst schaute ich mir noch einmal den Internetauftritt der Klinik an, die mir von dem Arzt empfohlen worden war. Leider waren auf der Homepage nur wenige Informationen zu finden, weshalb ich per E-Mail Kontakt zu der Klinik aufnahm und nach weiteren aussagekräftigeren Fakten fragte. Kurz darauf rief mich eine Mitarbeiterin dieser Klinik an und bot mir einen Beratungstermin in Spanien an, in dem alles Weitere besprochen werden sollte. Vorab wollte man mir keine Auskünfte geben. Das fand ich ziemlich unseriös und wollte nicht, ohne zu wissen, worauf ich mich einlasse, nach Spanien fliegen. Daher

vertröstete ich sie zunächst und sagte, ich würde mich noch einmal melden. Stattdessen suchte ich jedoch nach einer anderen Klinik in Spanien und wurde schnell fündig: die Clinica Eugin in Barcelona. Diese Kinderwunschklinik hatte einen überzeugenden Internetauftritt. Man musste sich nur registrieren und erhielt dann über ein privates Patientenlogin alle nötigen Informationen zur Behandlung, den notwendigen Voruntersuchungen und Kosten. Ich war begeistert. So viel Transparenz hatte ich mir gewünscht. So konnte ich mich in aller Ruhe mit der Klinik und der Behandlung auseinandersetzen, die erforderlichen Voruntersuchungen einplanen und die Kosten abschätzen. Die Voruntersuchungen hätte ich auch in der Klinik durchführen lassen können. Aus Kostengründen entschied ich mich dagegen. Aufgrund meiner Vorbefunde, war ich mir sicher, dass meine Krankenkasse die Kosten übernimmt, wenn ich diese Untersuchungen in Deutschland machen würde. Dazu muss ich sagen, dass ich privat krankenversichert bin. Bei einer gesetzlichen Krankenversicherung wäre es vielleicht anders gewesen. Nachdem ich mich für eine Behandlungsmethode - eine IVF-Behandlung mit Spendersamen - entschieden hatte, erhielt ich direkt einen Kostenvoranschlag, in dem alle Kosten transparent aufgeführt waren. Zudem wurde ein Videochat angeboten, bei dem ein Arzt die Behandlung erklärt und Fragen im Live Chat beantwortet. Obwohl es eine spanische Klinik war, bekam ich diese Informationen alle auf Deutsch. Auch der Videochat mit dem Arzt war auf Deutsch. Weitere

Fragen, die mich beschäftigten, konnte ich per E-Mail klären.

Nachdem ich nun alle Informationen zu der Behandlung hatte, klärte ich die Einzelheiten bezüglich der Finanzierung mit meinen Eltern ab. Bei diesem Gespräch eröffnete mir meine Mutter, dass sie bei allen Terminen dabei sein möchte, also auch in Spanien. Mir war klar, dass das keine Bitte war. Ehrlich gesagt war ich darüber sehr froh, weshalb ich auch nicht widersprach. Ich überlegte ohnehin, wen ich zu den einzelnen Terminen mitnehmen könnte.
Alleine wollte ich ungern fliegen, eine Unterstützung vor Ort wäre schön gewesen. Wer wäre besser geeignet gewesen, als die zukünftige Oma.

Manche fragen sich jetzt sicher, wieso Spanien? Natürlich informierte ich mich auch über eine Behandlung in den Niederlanden und Dänemark. Immerhin hört man in den Medien häufig, dass sich dort viele Frauen künstlich befruchten lassen. Allerdings überzeugten mich die Internetauftritte der Praxen und Kinderwunschzentren, die eine künstliche Befruchtung bei Singlefrauen und lesbischen Paaren durchführten, nicht. Aus der Ferne ist das nun mal die einzige Möglichkeit sich ein Bild über die Einrichtung zu machen. Zumal war die Anbindung dorthin wesentlich umständlicher als nach Spanien.

Der nächste Schritt war ein Besuch in einer Praxis, die sich auf Endometriose spezialisiert hat. Dort wollte ich mich zu der anstehenden Kinderwunschbehandlung in Bezug auf die Endometriose beraten lassen und einen OP-Termin vereinbaren, um noch einmal alle Verwachsungen und Endometrioseherde entfernen sowie die notwendigen Voruntersuchungen für die Kinderwunschbehandlung machen zu lassen. Zum Glück konnte ich kurzfristig für Mitte Februar einen Termin vereinbaren. Erwartet hatte ich eine große Praxis bzw. eine Klinik. Umso überraschter war ich, als es sich als eine normale Praxis herausstellte, die allerdings an eine Frauenklinik angebunden war. Der Arzt empfing mich nach kurzer Wartezeit. Als er fragte, worum es geht und wie er mir helfen könne, erzählte ich ihm von meinem Vorhaben. Wir besprachen meine Vorbefunde anhand der OP-Berichte, die ich alle mithatte. Vier Operationen am Unterleib hatte ich bereits hinter mir und lebte mit der Diagnose Endometriose und der ständigen Angst über die Folgen. Nach einer kurzen Untersuchung und einem Ultraschall erklärte er mir, dass diese ganzen Operationen vermutlich gar nicht notwendig waren und ich lediglich eine leichte Form der Endometriose, Stadium I, hätte. Zunächst war ich überrascht, wie er das alleine anhand dieser Untersuchung feststellen konnte. Wurde mir doch bisher immer gesagt, dass man eine Endometriose immer nur operativ feststellen kann. Er erklärte mir, dass man eine Endometriose durchaus im Ultraschall sehen kann, wenn sie sehr ausgeprägt ist. Da das bei mir nicht der Fall war, handelt es sich lediglich um eine leichte Form der Endometriose. Nach dieser Diagnose war ich zwar erleichtert, aber irgendwie auch verärgert. Immerhin kostete mich eine dieser Operationen die Funktionsfähigkeit meines linken Eierstocks. Aber nun konnte ich das auch nicht mehr ändern und war letztendlich froh, dass ich mir langfristig gesehen keine großen Sorgen wegen der Endometriose mehr machen muss. Auch dieser Arzt war nicht besonders einfühlsam, aber er zeigte Verständnis für meine Entscheidung und sagte mir zu, die Operation und die notwendigen Voruntersuchungen – wie die Gebärmutterspiegelung und die Chromopertubation (Eileiterdurchlässigkeitsprüfung) – durchzuführen. Zuvor musste ich aber mein Medikament gegen die Endometriose absetzen, damit ich einen Menstruationszyklus bekam. Die Vorstellung das Medikament bereits zu diesem Zeitpunkt abzusetzen, gefiel mir gar nicht und machte mir Angst. Aber er versicherte mir, dass er nicht davon ausgeht, dass sich bei meiner leichten Form der Endometriose in dieser kurzen Zeit Probleme ergeben würden. Die bevorstehende Operation und die Voruntersuchungen wären nur mit einem Zyklus sinnvoll. Es war Februar und da ich aufgrund der Medikation seit Jahren keinen Zyklus hatte, musste ich damit rechnen, dass sich erst nach circa sechs Monaten ein Zyklus einstellt. Nun wurde ich wieder etwas ausgebremst, ich war aber auch froh, dass ich wieder etwas Luft zum Durchatmen bekam. Noch am selben Tag setzte ich die Visanne ab und versuchte mich nicht verrückt zu machen. Wer weiß wie lange es dauern würde, bis ich einen Zyklus habe. Ich versuchte mich zu entspannen und lebte mein Leben wie gewohnt weiter.

Dann kam die große Überraschung. Genau achtundzwanzig Tage nachdem ich die Visanne abgesetzt hatte, bekam ich meine seit Jahren erste Menstruationsblutung. Ich war fast noch aufgeregter als beim ersten Mal und vereinbarte mit dem Spezialisten einen OP-Termin für Mitte April. Als dieser Termin feststand, kontaktierte ich die Kinderwunschklinik in Barcelona per E-Mail und fragte nach, wie weit im Voraus ich in Bezug auf die geplante Operation einen Termin für das Beratungsgespräch vereinbaren sollte. Da ich kein Medikament mehr gegen die Endometriose nahm, wollte ich keine Zeit verlieren. Es sollte so wenig Zyklen wie möglich geben, damit sich keine neuen Endometrioseherde bilden bzw. ausbluten konnten. Auch wenn ich nur Endometriose Stadium I habe, hatte ich trotzdem Angst, dass bei der bevorstehenden Schwangerschaft endometriose-bedingte Komplikationen auftreten würden. Bereits am nächsten Tag erhielt ich eine Antwort, mit der Bitte eine Telefonnummer mitzuteilen, unter der ich erreichbar sei, um persönlich einen Termin zu vereinbaren. Bei diesem Telefonat einigten wir uns auf einen Termin Ende April. Zudem wurde mir per E-Mail die Behandlung bestätigt und ich erhielt noch einmal einen Kostenvoranschlag, der sich nicht von dem ersten unterschied. Jetzt ging es wirklich los, ich war total aufgeregt. Vorfreude aber auch Angst machten sich breit. Ich konnte es kaum abwarten und fieberte den Terminen entgegen.

Vor dem Erstgespräch musste ich noch zu meiner Frauenärztin, um alle notwendigen Blutuntersuchungen durchführen zu lassen. Es musste eine vollständige Blutuntersuchung für eine Kinderwunschbehandlung gemacht werden. Dazu gehört ein vollständiges Blutbild, Gerinnungsproben, Blutgruppe und Rh, Indirekter Coombs-Test, Hepatitis-Test (GOT/OPT) und Serologien. Zusätzlich musste ich zwischen dem zweiten und vierten Zyklustag ein Profil der allgemeinen Hormonwerte (FSH, LH, Oestradiol) erstellen lassen. Meine Frauenärztin hatte wie versprochen Wort gehalten und ich konnte alle Blutuntersuchungen in ihrer Praxis durchführen lassen. Zu Anfang war es jedoch merkwürdig. Die Arzthelferinnen wussten nicht Bescheid, als ich wegen einem Termin zur Blutabnahme anrief und bestanden darauf, dass ich noch einmal bei der Ärztin vorstellig wurde. Bei diesem Termin klärte sie ihre Mitarbeiterinnen auf und von da an verlief alles problemlos.

Am 13. April war es endlich soweit. Ich fuhr zur Frauenklinik, in der die Operation durchgeführt werden sollte. Leider musste ich schon einen Tag vorher in die Klinik. Es wurde noch einmal Blut abgenommen und ich bekam einen Einlauf. Rasieren lassen musste ich mich zum Glück nicht, das hatte ich bereits im Vorfeld zu Hause getan. Dieser Peinlichkeit musste ich mich mit siebzehn vor meiner ersten Operation hingeben und wollte das nicht noch einmal erleben. Ich konnte in dieser Nacht kaum schlafen, so aufgeregt war ich. Es hätte ja sein können, dass bei der Operation irgendetwas festgestellt wird oder dass ich nicht mehr aufwache. Diese Ängste hatte ich vor jeder Operation, denn immerhin trägt jeder Eingriff auch seine Risiken. Zum Glück ist bei mir aber immer alles gut gegangen. Wie auch dieses Mal. Kurz nach der Operation kam ein mir unbekannter Arzt in mein Zimmer. Da ich von der Narkose noch etwas benebelt war, verstand ich seinen Namen nicht und wieso er mit mir redete und nicht der Arzt, mit dem ich die Operation vereinbart hatte. Er erklärte mir anhand von Fotos meiner inneren Organe was genau gemacht wurde. Ich fand es faszinierend Bilder von meiner Gebärmutter und meinen Eierstöcken zu sehen. Sogar mit ungeschultem Auge erkannte ich direkt den Unterschied zwischen den beiden Eierstöcken. Es wurden ein paar Verwachsungen entfernt. Auch einige Endometrioseherde wurden gefunden, die sie aber problemlos entfernen konnten. Die Gebärmutterspiegelung war ohne Befund und die Chromopertubation hat bestätigt, dass der linke Eileiter zugewachsen ist. Der rechte Eileiter und der rechte Eierstock sahen jedoch unauffällig aus. Demnach war alles in Ordnung und er meinte, dass mein Mann und ich mit der Kinderwunschbehandlung starten könnten.

Ich war total erleichtert über den Befund, aber sauer, dass dieser Arzt gar nicht wusste, worum es bei mir überhaupt ging. Für einen kurzen Moment fühlte ich mich wie eine Nummer in seinem OP-Plan und fand ihn schlagartig noch unsympathischer als ohnehin schon. Am liebsten wäre ich noch am selben Tag nach Hause gegangen, aber ich musste natürlich noch in der Klinik bleiben. Es wurde mir eine Dränage gelegt, damit das Wundwasser und Blut aus dem Bauchraum abfließen konnten. Das kannte ich bis dahin noch nicht, es war auch ziemlich unangenehm und der Toilettengang gestaltete sich etwas schwierig mit diesem Ding. Einen Tag nach der Operation wurde sie zum Glück gezogen und ich durfte nach Hause. Die Genesung verlief sehr gut, nur mit dem Sitzen hatte ich etwas Probleme, deshalb war ich auch zwei Wochen krankgeschrieben und konnte mich in aller Ruhe erholen. Wobei mir jeder Tag endlos vorkam. Denn nun fieberte ich dem Beratungstermin in der Kinderwunschklinik nur noch mehr entgegen. Da die Befunde durchweg positiv waren, konnte jetzt eigentlich nichts mehr schief gehen. Der Flug und das Hotel in der Nähe der Klinik waren schnell gebucht, die Zeit verging aber zu langsam. Meine Mutti und ich wollten am Tag zuvor anreisen und direkt nach dem Termin wieder abreisen. Immerhin mussten wir uns beide Urlaub nehmen und wussten nicht, wie oft es in diesem Jahr noch nach Barcelona gehen würde, da wollten wir uns so viele Urlaubstage wie möglich aufsparen.

Am 27. April ging es endlich zum Erstgespräch nach Barcelona. Meine Mutti war angereist und begleitete mich. Wir flogen am Sonntagvormittag hin und hatten am Montagmorgen den Termin für das Beratungsgespräch, bei dem ich auch untersucht werden sollte. In erster Linie ging es bei dem

Erstgespräch um das Verfahren, das angewendet werden sollte. Der Arzt trifft unter Berücksichtigung der vorliegenden klinischen Daten eine Einschätzung des individuellen Falls und plant die medizinische Betreuung. Alle Arztbefunde, wie OP-Berichte, Blutbilder etc. hatte ich im Gepäck. Die Vorfreude und Hoffnung waren groß, ich war so wahnsinnig aufgeregt. Obwohl es ja nur um ein Erstgespräch ging. Aber der Moment, in dem ich Mama sein würde, rückte immer näher. Dieser Gedanke hielt mich aufrecht. Die Verbindung zum Flughafen checkte ich unzählige Male, damit wir den Flug nicht verpassen würden. Das wäre eine Katastrophe gewesen. Wie immer war ich gut vorbereitet, nicht nur der Weg zum Flughafen war gut durchgeplant, auch der Weg vom Flughafen in Barcelona zum Hotel war recherchiert.
An dem Morgen regnete es in Strömen. Der Regenschirm brachte allerdings nichts, es schien als würde der Regen von allen Seiten kommen. Es war ein Sonntag und die Straßen leer. So standen wir alleine völlig durchnässt an der Bushaltestelle und warteten bibbernd auf den Bus, den wir dann auch ganz für uns alleine hatten. Bis wir an der S-Bahnstation ankamen, waren wir schon wieder etwas angetrocknet und der Regen hatte etwas nachgelassen. Wir kamen pünktlich am Flughafen an. Da wir nur Handgepäck hatten, konnten wir bereits online einchecken und mussten uns nicht am Check In-Schalter anstellen. Fliegen gehört auch nicht gerade zu meinen Lieblingsbeschäftigungen, weshalb ich neben der Grundaufregung total hibbelig war. Meine Mutti wirkte wie immer total entspannt.

Manchmal nervt mich das, aber irgendwie holt sie mich damit auch immer runter. Wir kamen pünktlich in Barcelona an. Im Gegensatz zu daheim war herrliches Wetter. Die Sonne strahlte uns entgegen, was meine Stimmung wesentlich erhellte. Wir fuhren mit dem Transferbus in die Innenstadt. Die restliche Strecke wollten wir mit einem Linienbus hinter uns bringen, wofür wir erstmal eine Fahrkarte brauchten. Da ich mich im Vorfeld gut informiert hatte, besorgten wir uns eine 10er-Karte. Diese schien uns am günstigsten. Nachdem endlich ein Fahrkarten-automat ausgemacht und die Karte besorgt war, mussten wir nur noch die richtige Haltestelle finden. Leider waren die Leute, die wir nach dem Weg fragten, nicht besonders freundlich oder konnten kein Englisch. Wir versuchten uns aber nicht davon irritieren zu lassen. Irgendwann hatten wir dann die richtige Bushaltestelle gefunden und kamen gut im Hotel an. Nachdem wir eingecheckt hatten, begutachteten wir kurz unser Zimmer und beschlossen direkt den Weg zur Klinik abzulaufen, damit wir zum Termin auch rechtzeitig losgingen. Die Klinik war näher als gedacht. Sie befand sich in einem recht großen Eckhaus, direkt an einer Hauptstraße. Von außen war nichts zu erkennen. Alle Fenster und Türen waren blickdicht beklebt, so dass man nicht hineinschauen konnte. Dafür schauten wir uns noch etwas in der Gegend um und machten ein Einkaufszentrum aus. Da es Sonntag war, waren die Geschäfte natürlich geschlossen. Wir beschlossen aber, am nächsten Tag, nach unserem Termin dort noch kurz shoppen zu gehen, bevor wir wieder zum

Flughafen mussten. Nachdem der Plan stand, wollten wir noch etwas Essen und fanden ein nettes kleines Lokal direkt die Straße runter. Es war ein typisch spanisches Restaurant, weshalb wir mit unserem schlechten Englisch Schwierigkeiten hatten uns zu verständigen. Der einzige Kellner, der Englisch sprach, schien genauso schlechte Sprachkenntnisse zu haben wie wir. Trotz aller Widrigkeiten schafften wir es dennoch etwas zu bestellen und meine Mutti aß dort den besten Fisch ihres Lebens. Davon schwärmt sie heute noch, weshalb ich es hier unbedingt erwähnen sollte. Den Rest des Abends ließen wir im Hotelzimmer ruhig ausklingen.

Am Morgen des Termins konnte ich kaum etwas essen vor Aufregung. Wir waren zwar beide gut informiert und im Vorfeld ausführlich beraten worden, aber irgendwie wussten wir doch nicht so recht, was uns erwarten würde. Als wir die Klinik betraten, kamen wir in einen Vorraum, in dem ein Mitarbeiter an der Rezeption saß, der uns sehr freundlich begrüßte. Mit meinem schlechten Englisch stellte ich mich vor und sagte, dass ich einen Termin habe. Daraufhin gab er mir meine Patientenkarte, mit meiner Patientennummer, die ich von da an immer bei mir tragen sollte. Wir mussten nur kurz warten, dann wurden wir von einer Mitarbeiterin abgeholt, die uns ebenfalls sehr freundlich begrüßte. Sie führte uns in einen kleinen Wartebereich, in dem nur wir waren. Es gab für jeden einen extra Wartebereich, so dass die Privatsphäre des Einzelnen geschützt bleibt, das fand ich sehr gut. Auch für Trinken war gesorgt. Jeder Wartebereich hatte einen kleinen Kühlschrank, gefüllt mit Saft und Wasser, aus dem man sich bedienen durfte. Zudem gab es ein I-Pad, mit dem man spielen konnte und für das Handy gab es einen W-LAN-Code. Wir waren beeindruckt, mit wie viel Mühe es einem dort angenehm gemacht wird. Die Klinik war sehr modern. Es waren kaum Fenster zu sehen, da es viele kleine Wartebereiche und Zimmer gab. Der Geruch von künstlichem Sauerstoff lag in der Luft. Es wirkte wie ein modernes Glashaus, das in ein bestehendes Haus gebaut worden war. Wir wurden immer von einer Mitarbeiterin begleitet, weshalb ich - auch weil irgendwie alles gleich aussah - völlig orientierungslos war. Es wirkte wie ein Labyrinth. Nach kurzer Wartezeit wurden wir aufgerufen. Leider sprach bisher niemand deutsch. Auch diese Mitarbeiterin nicht. Sie ging mit mir einen Fragebogen durch und tippte alle Antworten in den PC ein, die ich ihr in meinem schlechten Schulenglisch gab. Es ging in erster Linie um mein Aussehen. Denn anhand meines Phänotyps sollte der Spender ausgesucht werden. Gemäß spanischem Recht entscheidet die Kinderwunschklinik bei Singlefrauen nach dem Phänotyp der Mutter über den Spender. Einerseits war ich froh, dass mir die Entscheidung abgenommen wurde, andererseits hätte ich gerne etwas über den Spender gewusst. Die Spende ist in Spanien komplett anonym. Man erhält keinerlei Informationen über den Samenspender. Abgesehen von einem kurzen Spermiogramm und der Blutgruppe liegen mir keine Daten vor. Eine Kontaktaufnahme ist ausgeschlossen. Mir persönlich ist das nicht wichtig, aber für mein Kind wäre eine offene Spende sicher schön gewesen,

um zu wissen, wer der biologische Vater ist. So nahm sie auf, wie groß ich bin, dass ich helle Haut, grüne Augen und hellbraune Haare habe. Da ich meine Haare zu dieser Zeit noch gefärbt hatte, schimmerte mein Haar in dem grellen Licht des kleinen Raumes leicht rötlich, weshalb sie mich fragte, ob mein Haar nicht eher rot sei. Geschockt erklärte ich ihr schnell, dass mein Haar gefärbt ist. Denn ich hatte Angst, dass sie tatsächlich rot aufschreibt. Da ich rothaarige Männer nicht besonders attraktiv finde, war die Vorstellung eines rothaarigen Spenders Horror für mich. Zum Glück verstand sie mich mit meinem gebrochenen Englisch und nahm hellbraun auf. Nachdem der Fragebogen ausgefüllt war, fragten wir nach dem Ablauf der Rechnungslegung. An diesem Tag musste ich lediglich für das Erstgespräch und die Untersuchung bezahlen. Die Behandlung ansich musste erst zum jeweiligen Termin beglichen werden. Im Einzelnen war das eine Anzahlung vor der Eizellentnahme und die Restzahlung vor dem Transfer. Ich konnte die Rechnungen immer per Kreditkarte bezahlen, so dass meine Eltern genug Zeit hatten, mir das Geld zeitnah zu überweisen, ohne dass mein Konto ins Minus rutscht.
Nach diesem kurzen Gespräch, das ich aufgrund der leichten Verständigungsschwierigkeiten als etwas unangenehm empfand, wurde mir Blut abgenommen und wir wurden in einen anderen Wartebereich geführt. Meine Aufregung stieg immer weiter und ich hoffte, dass wenigstens der Arzt deutsch sprechen würde. Immerhin wirbt die Klinik damit, dass dort auch deutsch gesprochen wird. Als wir endlich

aufgerufen wurden, führte man uns in einen Raum, in dem der Arzt wartete, mit dem ich bereits einen Video-Chat geführt hatte. Er sprach akzentfreies Deutsch, weshalb ich total erleichtert war. Er war sehr freundlich und erklärte uns noch einmal die Behandlung und ging mit uns den Kostenvoranschlag und den Zeitablauf durch. Anhand der Untersuchungsergebnisse, die ich ihm mitbrachte, eintschied er direkt über meine Medikation und stellte mir ein Rezept aus. Dazu erhielt ich Spritzen und einen USB-Stick mit Videos, in denen erklärt wird, wie man die Medikamente zum Spritzen vorbereitet und sich injiziert. Abschließend wollte er mich noch untersuchen. Dazu führte er uns in den Nebenraum. Dort wartete bereits eine Arzthelferin, die leider weder Deutsch noch Englisch sprach. Wir kommunizierten daher mit Händen und Füßen. Sie gab mir einen kleinen Plastikbeutel, der Pantoffeln und wie ich dachte, ein Handtuch enthielt und deutete auf eine Kabine. So ging ich in die Kabine und zog mich aus, wie ich es von meinen Frauenarztterminen gewohnt war. Ich zog die Pantoffeln an, ließ das Tuch liegen, weil ich nicht wusste, was ich damit machen sollte. So trat aus der Kabine, untenrum nackend mit einem T-Shirt und Pantoffeln an. Als die Arzthelferin mich sah, fing sie an, wild mit den Armen zu fuchteln und sagte hektisch etwas auf Spanisch, was ich natürlich nicht verstand. Dann ging sie in die Kabine und gab mir das Handtuch, was sich als Kittel herausstellte. Wir mussten alle lachen. Es war zwar total peinlich, aber ihre Reaktion auf meine Nacktheit war einfach zu komisch und lockerte die Situation etwas auf. Natürlich zog ich den Kittel erstmal verkehrt herum an, weshalb sie wieder eingreifen musste, aber irgendwann hatte ich ihn dann richtig herum an und durfte mich auf den Behandlungsstuhl legen. Erst dann holte sie den Arzt rein, der mich untersuchte und einen Ultraschall machte. Er meinte meine Gebärmutterschleimhaut hätte eine perfekte Dicke und wäre ideal für eine Einnistung. Zudem sah er im rechten Eierstock fünf Follikel, worüber er verwundert schien, aber auch sehr erfreut und mir Hoffnungen machte, dass die Hormonbehandlung sehr gut bei mir anschlagen würde. Da ich bereits ohne Stimulation fünf Follikel hatte, war die Wahrscheinlichkeit durch die hormonelle Unterstützung noch mehr Follikel zu erreichen sehr groß. Nach der Untersuchung zog ich mich wieder an. Wir besprachen noch einmal kurz die Behandlung und klärten noch ein paar offene Fragen zum weiteren Vorgehen. Bei meinem nächsten Zyklus sollte ich mit der Hormonbehandlung starten. Sobald ich meine Periode bekommen würde, sollte ich der Klinik Bescheid geben. Am zweiten Zyklustag sollte ich meine Hormonwerte durch eine Blutuntersuchung bestimmen lassen und die Ergebnisse der Klinik noch am selben Tag mitteilen. Anhand der Werte würde der Arzt dann entscheiden, wieviel Einheiten ich mir spritzen soll. Ich sollte während der ganzen Behandlung regelmäßig zu meiner Frauenärztin, um Blut abnehmen zu lassen, um den Hormonspiegel zu kontrollieren. Auch die Follikelentwicklung sollte per Ultraschall überwacht werden. Alle Ergebnisse sollte ich dann der Klinik mitteilen. Ich war etwas

überfordert mit all diesen Informationen. Auf einmal ging alles so wahnsinnig schnell. Mit dem nächsten Zyklus sollte es schon losgehen. Bereits in ein paar Wochen könnte ich schwanger sein. Aaaaaaaaaah... der Wahnsinn. Es war und ist auch heute noch so überwältigend. Ich hätte ein Nervenbündel sein müssen, vielleicht war ich das auch, aber ich unterdrückte diese Gefühle, weil ich stark sein wollte. Stark sein für mich, aber auch für meine Mutti. Ich wusste sie litt dreifach für mich mit. So kannte ich es von ihr und so eine Mutter wollte ich auch sein.
Noch am selben Tag ging es mit dem Flieger wieder nach Hause. Wir gingen aber – wie geplant – vorher noch in dem nahegelegenen Einkaufszentrum shoppen, was wir jedoch noch bereuten. Da wir noch so viel Zeit hatten, bis unser Flieger ging, beschlossen wir kurzerhand den Weg bis zum Transferbus zu laufen. Ansich auch kein Problem, aber mit unserer Shoppingausbeute war unser Handgepäck so schwer, dass wir uns schworen, das nächste Mal wieder den Bus zu nehmen.

Einige Tage später informierte ich meine Frauenärztin über den weiteren Ablauf und löste das Rezept in der Apotheke ein. Dass die Medikamente nicht günstig sein würden war mir zwar klar, aber dass ich über eintausend Euro dafür zahlen musste, schockte mich dann doch. Die Apothekerin war sehr nett, stellte mir alles zusammen und erklärte mir zu jedem einzelnen Medikament, wie es zu verwenden ist. Aufgrund der hohen Summe zahlte ich mit der Kreditkarte, mein Konto wäre sonst gesprengt worden. So ging ich mit

einer riesigen prallgefüllten Tüte voller Hormone nach Hause und bat meine Eltern mir das Geld zu überweisen.
Mir wurde ein Rezept ausgestellt für Menopur, Cetrotide, Ovitrelle, Zithromax und Utrogest. Menopur enthält zwei Hormone, das FSH und das LH, sie unterstützen die Funktion der Eierstöcke, um die Entwicklung von Follikeln zu steigern. Cetrotide soll den Eisprung verhindern und mit Ovitrelle wird der Eisprung geplant ausgelöst. Diese Medikamente werden injiziert. Menopur und Cetrotide habe ich als Pulver mit Lösungsmittel bekommen, die ich vor der Injektion mischen musste. Ovitrelle gab es zum Glück als Fertigspritze, die ich im Kühlschrank aufbewahren musste. Zithromax ist ein Antibiotikum, das ich vor der Eizellentnahme nehmen sollte. Utrogest enthält Progesteron, das Gelbkörperhormon, das die Einnistung der befruchteten Eizelle unterstützen soll. Es wird vaginal eingenommen. In der Packungsbeilage steht zwar etwas anderes, nämlich oral, aber der Arzt versicherte mir, dass eine vaginale Anwendung besser ist und das Medikament daher so angewendet wird, auch wenn es vom Hersteller nicht so vorgesehen ist.

Wieder pünktlich wie ein Uhrwerk bekam ich nach achtundzwanzig Tagen meine Periode. Jetzt ging es wirklich los. Ich war total aufgeregt, mein Herz schlug mir bis zum Hals. Voller Euphorie mailte ich der Klinik, um sie über den Beginn des Zyklus zu informieren. Am zweiten Zyklustag musste ich zur ersten Blutkontrolle, um meine Hormonwerte, das

Estradiol (Östrogen) und Progesteron, bestimmen zu lassen. Mit meiner Frauenärztin war ja alles abgesprochen, daher wäre die Vorstellung zur Blutentnahme eigentlich problemlos gewesen. Allerdings war es Freitag und die Praxis war nur bis Mittag besetzt, die Blutwerte liegen jedoch immer erst nachmittags vor. Daher suchte ich leicht panisch nach einer anderen Frauenarztpraxis, die auch nachmittags noch geöffnet hatte, um mir das Ergebnis noch am selben Tag mitteilen zu können. Leicht panisch, weil ich zwingend am zweiten Zyklustag meine Hormonwerte bestimmen lassen musste. Da es Freitag war, wo die meisten Praxen mittags schließen und manche Ärzte keine neuen Patientinnen aufnahmen, war es gar nicht so einfach und meine Panik stieg. Im Internet suchte ich verzweifelt nach Frauenarztpraxen in der Nähe des Büros. Nachdem ich immer mehr Absagen am Telefon bekam, wurde ich immer unruhiger. Ich konnte mich kaum auf dem Bürostuhl halten und tippte hektisch immer wieder die nächste Telefonnummer ein, um mir immer wieder dasselbe anzuhören. Nach langem hin- und her telefonieren fand ich endlich einen Frauenarzt, der mich kurzfristig einschob und auch freitagnachmittags geöffnet hatte. Ich war total erleichtert und ließ alles im Büro stehen und liegen und machte mich sofort auf den Weg. Natürlich wollte mich der Arzt erst einmal kennenlernen. Anfangs war ich davon ganz schön genervt, es ging ja eigentlich nur darum Blut abzunehmen, aber irgendwie konnte ich es auch verstehen und da ich eh keine andere Wahl hatte, beschwerte ich mich auch nicht darüber.

Es war ein langes, aber auch sehr emotionales Gespräch, in dem wir meine Beweggründe besprachen. Auf seiner Homepage hatte ich gelesen, dass er Frauen auch psychologisch betreut. Aufgrund seiner Art mit mir zu sprechen, musste ich wieder daran denken. Er wusste ganz genau, welche Fragen er mir stellen musste, um mich aus der Reserve zu locken. Er nahm meine Motive ernst und zeigte Verständnis. Zudem fanden wir heraus, dass er bei meiner letzten Operation zur Vorbereitung der Kinderwunschbehandlung assistiert hatte. Ein witziger Zufall. Er konnte sich nicht an mich erinnern, aber je länger wir miteinander sprachen, umso mehr erinnerte ich mich an ihn. Er war der Arzt, der mit mir nach der Operation den Befund besprochen hatte. An jenem Tag fand ich ihn total unsympathisch. Dieses Mal war das zum Glück nicht so. Ganz im Gegenteil sogar, er war sehr nett und bot mir seine Unterstützung an. Allerdings versuchte er auch, mir die Kinderwunschbehandlung im Ausland auszureden und besprach mit mir meine Möglichkeiten in Deutschland. Seine Zweifel konnte ich nicht nachvollziehen. Immerhin hatte ich mich lange und intensiv mit dem Thema auseinandergesetzt und alle meine Optionen abgewogen. Zudem fühlte ich mich in der Clinica Eugin sehr gut aufgehoben. Nach einer Ultraschalluntersuchung, die er unbedingt durchführen wollte, konnte auch er fünf Follikel sehen. Nach der Blutabnahme versprach er mir, mich anzurufen, sobald ihm das Ergebnis vorliegt. Total erleichtert, ging ich zurück ins Büro. Der kurz geplante Termin zur Blutabnahme dauerte über eine

Stunde. Zum Glück konnte ich mich die nächsten Stunden mit Arbeiten ablenken. Es dauerte gar nicht lange, bereits am frühen Nachmittag rief er mich an und teilte mir meine Blutwerte mit, die ich kurz darauf telefonisch der Klinik mitteilte. Leider wurde mir nicht gleich gesagt, wie es weiter geht. Darüber musste natürlich einer der Ärzte entscheiden. Die freundliche Dame der Patientenbetreuung versprach, dass man mich bald zurückrufen würde. So war es dann auch, keine zwei Stunden später klingelte das Telefon. Die Wartezeit bis dahin war allerdings furchtbar. Das Handy legte ich kaum noch aus der Hand. Schaute ständig darauf, ob es auch an sei und ob ich den Anruf auch ja nicht verpasst hätte. So war es jedes Mal, wenn ich auf einen Rückruf der Klinik gewartet hab. Da fing das sogenannte Hibbeln schon an. Endlich rief die Klinik an, aber anstatt mir zu sagen, wann ich mir jetzt was und wieviel Einheiten spritzen sollte, wurde mir erklärt, dass wir diesen Zyklus aussetzen würden. Im ersten Moment wusste ich gar nicht, wie ich reagieren sollte, ich war nicht nur geschockt, sondern auch enttäuscht. Mit einem Kloß im Hals fragte ich noch mal nach und versuchte sie regelrecht zu überreden, dass wir den Zyklus doch nutzen. Aber sie erklärte mir, dass meine Blutwerte nicht optimal seien und der Arzt dazu rät, den Zyklus lieber auszulassen, da der Erfolg der Behandlung mit diesen Blutwerten nicht vielversprechend sei. Letztendlich sah ich es ein, war aber dermaßen enttäuscht. Es sollte doch endlich losgehen. Ich wollte doch noch diesen Monat schwanger sein. Die Enttäuschung saß tief und ich hatte einige Tage damit

zu kämpfen. Nun hieß es wieder warten. Um mich etwas abzulenken, fuhr ich für ein paar Tage zu meinen Eltern. Ein Tapetenwechsel war in dem Moment genau das Richtige um etwas Abstand zu bekommen und um neue Kraft zu tanken. Trotzdem kreisten meine Gedanken die ganze Zeit um die bevorstehende Kinderwunschbehandlung und die Hoffnung, dass es beim nächsten Zyklus klappen würde.
Dazu kam noch der überraschende Anruf des Arztes, bei dem ich zur Blutabnahme war. Er riet mir nochmals von einer Kinderwunschbehandlung im Ausland ab. Meine Geschichte ließ ihm keine Ruhe und er sprach mit einem Kollegen über mich, der bei einer Samenbank arbeitet. Er bat mich, seinen Kollegen anzurufen, denn dieser sicherte ihm zu, dass ich mich in seiner Samenbank künstlich befruchten lassen könnte, wenn ich einen Mann finde, der die Vaterschaft anerkennt. Laut seiner Aussage kann das irgendein Mann sein, auch mein Bruder, das wäre egal. Diese Aussage fand ich furchtbar und extrem unseriös. Wie sollte denn das rechtlich korrekt sein. Sein Vorschlag gefiel mir gar nicht. Zudem hatte ich meine Entscheidung bereits getroffen und war mitten in der Behandlung. Abbrechen und einen neuen Weg einschlagen wollte ich nicht. Da ich mich in die Ecke gedrängt fühlte, sagte ich ihm zu, dass ich mich bei seinem Kollegen melden würde. Nur so konnte ich ihn beruhigen. Er schien sich wirklich Sorgen zu machen, allerdings hielt ich die für völlig unberechtigt. Als ich auflegte, war ich total durcheinander. Was sollte das jetzt? Natürlich habe ich dort nicht angerufen. Die

Kinderwunschklinik in Barcelona hatte mein vollstes Vertrauen, mit ihr wollte ich meinen Weg gehen. Bis zu diesem Zeitpunkt überlegte ich, ob ich sein Angebot mich während der Behandlung zu begleiten, annehmen sollte, weil er verständnisvoller war und für mich günstigere Öffnungszeiten hatte. Dieser Anruf machte mir jedoch klar, dass ich bei ihm nicht gut aufgehoben wäre. Er verstand zwar meine Beweggründe, aber nicht meine Klinikwahl und ich wollte nicht jedes Mal darüber diskutieren.

Wieder nach genau achtundzwanzig Tagen bekam ich meine Periode. Nun ging es wieder von vorne los. Die Klinik wurde informiert, ich ging zu meiner Frauenärztin zum Blut abnehmen, informierte die Klinik über meine Blutwerte und wartete ab. Die Wartezeit bis zur Entscheidung der Klinik war wieder furchtbar, meine Nervosität stieg unaufhörlich. Natürlich hoffte ich, dass dieses Mal alles in Ordnung war und ich mit dem ersten Versuch starten konnte. Allerdings hatte ich kein gutes Gefühl und konnte wieder stundenlang mein Handy nicht aus der Hand legen. Dann kam endlich der erlösende Anruf. Meine Blutwerte waren in Ordnung und wir konnten starten. Juhu! Ich war total happy, aufgeregt, glücklich... alles auf einmal. Endlich ging es los! Noch am selben Tag sollte ich mit dem Spritzen anfangen. Nun sollte ich mir täglich 150 Einheiten Menopur spritzen, um die Follikelbildung anzuregen. Nach sieben Tagen sollte ich zur ersten Blut- und Ultraschallkontrolle gehen. Vor dem Spritzen schaute ich mir das Video auf dem USB-Stick, den ich mitbekommen hatte, erst noch einmal an. Ehrlich gesagt habe ich es mir mindestens fünfmal angesehen. Die Angst beim Mischen etwas falsch zu machen war sehr groß. Daher machte ich alles Schritt für Schritt, so wie es im Video erklärt wurde. Das Mischen klappte schon mal gut, auch das Aufziehen in die Spritze war kein Problem, dann kam das Spritzen. Es hat mich ganz schön Überwindung gekostet. Angst vor Spritzen hatte ich zwar nicht, aber sich selbst zu spritzen ist dann doch etwas ganz anderes. Es hat einige Minuten gedauert. Nachdem ich mich für eine Stelle am Bauch entschieden hatte, desinfizierte ich diese. Mit der linken Hand bildete ich eine Hautfalte und in der rechten Hand hielt ich die Spritze. So saß ich einen Moment lang da und hielt inne. Dann habe ich es einfach getan und mir die Spritze in meinen Bauch gestochen und drückte den Kolben nach unten. Schnell, wie beim Pflaster abziehen, wollte ich es hinter mich bringen. Es hat etwas gebrannt, aber das war nicht schlimm. Die Überwindung mich selbst zu spritzen war tatsächlich das Schlimmste. Am Ende war ich überrascht, wie einfach es war und hoffte, dass es mir beim nächsten Mal nicht so schwerfallen würde. So war es dann auch. Beim Mischen hatte ich allerdings jedes Mal Angst, dass ich etwas falsch mache bzw. dass etwas daneben geht. Zumal ich von der Hormonbehandlung nichts spürte. Es wird ja immer von Stimmungsschwankungen und Gewichtszunahme gesprochen, wobei der Arzt meinte, dass man von den Hormonen nicht zunimmt. Mir fielen während der Behandlung jedenfalls keine Veränderungen an mir auf, weshalb ich ehrlich gesagt etwas verunsichert war. Die Tage vergingen nur langsam und ich konnte an nichts anderes als diese Behandlung denken. Meine Familie und Freunde mussten in der Zeit vermutlich viel ertragen. Unsicherheit und Ängste machten sich immer wieder breit, die alle versuchten zu zerstreuen. Meistens gelang es ihnen auch, allerdings fühlte ich mich manchmal auch nicht ernst genommen. Vermutlich waren alle schon genervt von dem Thema, aber immer nur positiv zu denken schien mir nicht richtig. Ich musste mich doch auch mit dem Gedanken auseinandersetzen, dass es nicht klappt und ich nicht schwanger werde. Dieses Gefühl kam ständig auf, aber wurde immer wieder mit positiven Worten ruhig gestellt.

Nach sieben Tagen ging ich zu meiner Frauenärztin zur Blutkontrolle und Ultraschalluntersuchung, um meine Hormonwerte bestimmen zu lassen und die Anzahl und die Entwicklung der Follikel zu beobachten. Nach der Blutentnahme und einem kurzen Gespräch, wie ich mich fühlte, ging es endlich zum Ultraschall. Ich konnte es kaum abwarten und wollte endlich wissen, wie viele Follikel ich hatte. Das Ergebnis war ernüchternd. Trotz der Hormonbehandlung hatte ich gerade mal fünf Follikel und davon waren zwei so klein, dass meine Ärztin deren Durchmesser gar nicht erst gemessen hat. Es hatte sich im Vergleich zu den Voruntersuchungen nichts getan. Über dieses Ergebnis war ich sehr enttäuscht. Ich hatte auf wesentlich mehr gehofft. In den Kinderwunschsendungen, die ständig im Fernsehen laufen, hatten die Frauen immer über zehn Eizellen.

Wieso war das bei mir nicht auch so? Meine Kehle schnürte sich zu, obwohl ich am liebsten geschrien hätte. Irgendwann wurde mir bewusst, dass ich ja nur einen funktionierenden Eierstock hatte, demnach waren fünf Follikel womöglich völlig in Ordnung. Was mir auch meine Frauenärztin beruhigend erklärte. Trotzdem war ich natürlich enttäuscht. Dafür war meine Gebärmutterschleimhaut sehr gut aufgebaut. Immerhin etwas, dachte ich mir, war aber immer noch enttäuscht und machte mir Gedanken darüber, wieso ich nur fünf Follikel – wie auch schon bei den Voruntersuchungen – hatte. Vielleicht hatte ich ja doch etwas beim Spritzen falsch gemacht? Immerhin hatte ich nichts von der Hormonbehandlung gemerkt. Oder waren meine fruchtbaren Zeiten schon vorbei? Hatte ich einfach nicht mehr so viele Eizellen? War es schon zu spät? Obwohl ich frustriert war, konnte ich doch noch etwas Positives daraus ziehen. Gut dass ich das jetzt machte, wer weiß wie es in einem Jahr ausgesehen hätte. Es war also die richtige Zeit. Diese Erkenntnis bestärkte mich in meiner Entscheidung und gab mir wieder Kraft weiter zu machen. Noch auf dem Rückweg ins Büro informierte ich die Klinik über die Ergebnisse der Ultraschalluntersuchung. Das Ergebnis der Blutabnahme reichte ich nach. Am späten Nachmittag kam wieder der langersehnte Rückruf, indem mir mitgeteilt wurde, dass ich mit Menopur wie bisher weiter machen und zusätzlich Cetrotide spritzen sollte, um einen Eisprung zu verhindern. Nach weiteren drei Tagen sollte ich zur nächsten Kontrolle gehen. Da ich die Menopur Einheiten nicht erhöhen sollte, war ich in meiner

Befürchtung, ich hätte beim Spritzen etwas falsch gemacht, beruhigt.

Dann tauchte ein neues, von mir völlig unerwartetes Problem auf, das mich wieder in leichte Panik ausbrechen ließ. Die Einheiten Menopur, die ich noch hatte, würden nicht reichen. Nachdem ich das der Klinik mitteilte, wurde mir zwar sofort ein neues Rezept ausgestellt und per E-Mail zugesandt, aber die Apotheke wollte das ausgedruckte Rezept nicht annehmen und bestand auf dem Original, was ja aber nicht möglich war. Zunächst war ich ratlos und befürchtete, dass die Behandlung unterbrochen werden musste. Nach langem Betteln und Flehen gegenüber der Apothekerin, hatte diese ein Einsehen und schlug vor, dass die Klinik das Rezept direkt an die Apotheke mailen könnte. Dann würde sie mir das Medikament aushändigen. Die Mitarbeiterin der Patientenbetreuung hat das freundlicherweise auch getan und so bekam ich nach langem Hin und Her doch noch mein Medikament und ich beruhigte mich wieder. Auf diese Aufregung hätte ich gerne verzichtet.

Der nächste Kontrolltermin fiel leider wieder auf einen Freitag. Daher kontaktierte ich wieder den Frauenarzt, bei dem ich schon einmal freitags war. Leider war er im Urlaub, weshalb sich wieder leichte Panik in mir breitmachte. Es musste doch eine Möglichkeit geben, an diesen blöden Blutbefund zu kommen. Dann kam mir die Idee, dass ich den Blutbefund doch auch selbst im Labor erfragen könnte und klärte dies

mit meiner Frauenärztin ab. Natürlich war das kein Problem. In dem Moment hätte ich ausrasten können. Wieso habe ich mir dann letztes Mal so einen Stress gemacht? Aber egal, ich wollte mich nicht aufregen, immerhin brauchte ich die Unterstützung und bedankte mich brav dafür. Die Ultraschallkontrolle ergab keine besonders guten Neuigkeiten. Drei der fünf Follikel entwickelten sich recht gut, aber die zwei Kleineren wuchsen nicht maßgeblich, weshalb meine Frauenärztin mir - auf ihre Art - nicht viel Hoffnung machte, dass sie noch adäquat reifen würden. An diesem Tag merkte ich wieder, wie einfühlsam meine Frauenärztin doch ist und beschloss endgültig mir eine neue Ärztin zu suchen, sobald ich schwanger wär. Im Labor durfte ich ab 14 Uhr anrufen, was ich natürlich auch tat und problemlos meine Werte mitgeteilt bekam.
Die Ergebnisse gab ich per E-Mail an die Klinik weiter und wartete wieder total angespannt auf einen Rückruf. Nun ging es darum, wann ich nach Barcelona kommen sollte. Nach der Untersuchung bei meiner Frauenärztin hatte ich die Ergebnisse so schnell wie möglich weiter gegeben, aber es kam einfach keine Rückmeldung. Sonst hatte es nie so lange gedauert, so langsam wurde ich unruhig. Weil ich mir nicht sicher war, ob meine E-Mail angekommen bzw. ob sie gelesen worden war, versuchte ich mich telefonisch mit der Klinik in Verbindung zu setzen, konnte aber niemanden erreichen. Wieder machte sich Panik breit. Mein Herz klopfte wie verrückt und ich lief unruhig in meiner Wohnung hin und her. Es ging ja auch darum, dass wir uns Urlaub nehmen mussten. Ein paar Tage

hatte ich schon im Vorfeld beantragt und die anderen Tage würden über Krankenschein laufen, da die Entnahme der Eizellen ja ein Eingriff ist, wollte mir meine Frauenärztin ein Attest für drei Tage ausstellen. Meine Mutter war vorsorglich angereist, da wir davon ausgingen, dass es am Montag losgehen würde. Nach stundenlangem Warten und Bangen rief mich am Abend endlich eine Mitarbeiterin der Klinik zurück und teilte mir mit, dass alles in Ordnung sei und ich am Dienstag zu 8:30 Uhr in die Klinik zur Eizellentnahme kommen sollte. 9:15 Uhr sollte der Eingriff durchgeführt werden. In dem Moment fiel mir ein riesiger Stein vom Herzen. Ich hatte schon Angst, es ginge etwas schief und der Zyklus wäre auch verloren. Sobald ich aufgelegt hatte, buchte ich die Flugtickets und das Hotel. Wir entschieden uns für ein anderes Hotel. Es war zwar zwei Blocks weiter weg von der Klinik als das Hotel bei unserem ersten Aufenthalt in Barcelona, aber dafür war es schöner. Immerhin würden wir dieses Mal länger als nur eine Nacht bleiben. Am Samstag sollte ich mir noch einmal Menopur und Cetrotide spritzen und am Sonntag Ovitrelle, um den Eisprung auszulösen. Die Injektion sollte pünktlich 21:15 Uhr erfolgen. Am Abend vor dem Eingriff sollte ich zwei Stunden vor dem Abendbrot Zithromax, das Antibiotikum nehmen, um mich vorsorglich vor einer Infektion zu schützen.

Am Montag war es endlich so weit. Wieder kontrollierte ich ständig die Abflugzeit und den Fahrplan zum Flughafen. Es durfte einfach nichts schief gehen. Als wir in der S-Bahn zum Flughafen saßen, passierte es dann. Es kam eine Durchsage, dass die S-Bahn nicht bis zum Flughafen durchfährt, weil es eine Gleisstörung oder so ähnlich gab. Panik machte sich wieder breit, wir würden unseren Flug verpassen. Ich überlegte, wie wir zum Flughafen kommen sollten und versuchte mit dem Handy online eine Lösung zu finden. Nicht nur ich, auch andere Fahrgäste tippten panisch auf ihrem Handy rum. Wir hofften auf ein Taxi, das uns zeitnah zum Flughafen bringen würde, aufgrund der Masse an Menschen in der Bahn, hatte ich aber die Befürchtung, dass daraus nichts würde. Tausend Gedanken schwirrten mir im Kopf umher, mir fiel einfach keine Lösung ein, ich war ratlos. Zum Glück kam nach ein paar Minuten die Durchsage, dass die Störung aufgehoben wurde und die Bahn doch bis zum Flughafen durchfährt. Die Erleichterung war in der ganzen Bahn zu spüren. Als wir pünktlich im Flugzeug saßen, fiel endlich ein Teil der Anspannung von mir ab, ich konnte aber nicht aufhören darüber zu grübeln, was passiert wäre, wenn wir den Flug verpasst hätten. Im Gegensatz zu mir, war meine Mutter total entspannt und versuchte zu schlafen. Ich dagegen saß den ganzen Flug total angespannt in meinem Sitz und grübelte vor mich hin. Es war Juni und das Wetter unterschied sich kaum von dem in Deutschland, aber dennoch wirkte die Luft irgendwie wärmer. Wir fuhren wieder mit dem Transferbus in die Stadt und legten den restlichen Weg mit dem Linienbus zurück. Dieses Mal wussten wir zum Glück ganz genau, wo es lang geht und kamen entspannter als beim ersten Mal in unserem Hotel an. Den Tag ließen wir in dem nahegelegenen Einkaufszentrum ausklingen und versuchten uns mit Bummeln etwas von der Aufregung abzulenken.

8:30 Uhr sollte ich in der Klinik sein und für 9:15 Uhr war der Eingriff geplant. Aufgrund der Narkose musste ich nüchtern sein. Als ob ich bei der Aufregung etwas hätte essen können. Mein Magen drehte sich förmlich vor Anspannung um und ich fühlte mich, als müsste ich die ganze Zeit umherlaufen, so eine innere Unruhe hatte ich zuvor noch nie. Von zitternden Händen bis Herzrasen war alles dabei. Ich war wahnsinnig aufgeregt und musste mich dermaßen zusammenreißen nicht auszuflippen, es war alles so unbeschreiblich überwältigend.
Wir erreichten pünktlich die Klinik und meldeten uns an der Rezeption an, genau wie beim letzten Mal. Dort hieß es dann, dass wir zu einem anderen Eingang müssten, was mich leicht aus dem Konzept brachte. Also gingen wir einmal um das Gebäude und entdeckten auf der anderen Seite noch einen Eingang, der uns bis dahin gar nicht aufgefallen war. Wir gingen hinein und fanden ebenfalls eine Rezeption vor, an der eine junge Frau saß. Nachdem ich mich vorgestellt hatte, sollte ich meine Patientenkarte über einen Scanner halten, so hatte die Mitarbeiterin alle meine Daten und wusste weshalb ich dort war. Im nächsten Moment kam auch schon eine andere Mitarbeiterin der Klinik, die uns sehr nett empfing und uns in einen abgeschlossenen

Wartebereich mit eigener Toilette führte. Der Teil der Klinik war etwas anders.
Die Wände schienen alle wie aus Glas. Es gab auch hier keine Fenster. Den Geruch des künstlichen Sauerstoffs empfand ich dieses Mal als sehr unangenehm. Die Aufregung schlug mir eh schon auf den Magen, weshalb ich ständig auf die Toilette musste, nun war mir auch noch übel. Um die Wartezeit zu verkürzen, spielten wir beide mit den I-Pads, die im Wartezimmer an den Stühlen installiert waren. Dieses Mal mussten wir recht lange warten. Zumindest kam es mir so vor. Dann kam endlich eine junge Frau in das Zimmer und stellte sich kurz vor, sie war unsere Dolmetscherin, die mich während der gesamten Behandlung begleiten würde. Ich war froh, nicht wieder mit Händen und Füßen und meinem schlechten Englisch kommunizieren zu müssen. Sie erklärte kurz was passieren würde und führte mich ein Stockwerk höher in einen Umkleideraum. Sie reichte mir die bekannte Plastiktüte mit den Pantoffeln und dem Kittel. Wieder hatte ich Probleme den Kittel richtig herum anzuziehen, weshalb ich sie um Hilfe bitten musste, aber irgendwann war auch dieses Problem gelöst. Meine Mutti durfte leider nicht mit und musste in dem uns zugeteilten Wartezimmer bleiben. Die Dolmetscherin führte mich in einen OP-Raum, den sie aus hygienischen Gründen nicht betreten durfte. Dort wartete bereits das OP-Team, das aus einer Ärztin und mehreren Schwestern bestand. Die Dolmetscherin blieb im Türrahmen stehen und übersetzte mir all das, was die Ärztin, die anschließend die Eizellentnahme vornahm, erklärte.

Dann wurde auch schon die Narkose gesetzt und ich schlief leicht ängstlich aber voller Erwartung auf fünf gute Eizellen ein. Die Entnahme der Eizellen erfolgte unter Ultraschallkontrolle durch die Scheide mit einer dünnen Nadel. Diese wurde durch die Scheidenwand in den dahinter gelegenen rechten Eierstock punktiert, um die in den Eibläschen befindlichen Eizellen abzusaugen. Als ich wieder aufwachte, lag ich in einer kleinen mit Vorhängen abgeteilten Kabine. Eine Schwester war bei mir und tätschelte mir die Hand. Sie sagte etwas zu mir, was ich aber nicht verstand und verschwand. Kurz darauf kam sie mit der Ärztin und der Dolmetscherin wieder zurück. Mir wurde gesagt, dass alles sehr gut verlaufen wäre und dass sie zwei Eizellen entnehmen konnten. Ich war total geschockt. Meine Kehle schnürte sich zu und Tränen schossen mir in die Augen. Zwei? Wieso nur zwei? Sie erklärte mir dann, dass es nicht immer in jedem Follikel eine Eizelle gäbe und dass zwei Eizellen ein gutes Ergebnis wären. Die Eizellen seien von sehr guter Qualität, weshalb ich mir keine Sorgen zu machen brauchte. Das versuchte ich auch, aber als sie gingen, musste ich trotzdem erstmal kurz weinen. Nur kurz, mehr habe ich mir selbst nicht erlaubt. Ich wollte wie gesagt stark sein, sonst hätte ich das alles nicht durchgestanden. Tief im Inneren war ich aber total zerrüttet und machte mir Gedanken, wieso ich nur zwei Eizellen hatte. Wie konnte das trotz der Hormonbehandlung sein? Bin ich etwa doch nicht so fruchtbar, wie es mir anhand der Blutwerte vermittelt wurde? Um mich aus diesem Tief herauszuholen, machte ich mir wieder mit der Erkenntnis Mut, dass es der richtige Zeitpunkt war, meinen Kinderwunsch zu verwirklichen. Länger hätte ich vermutlich gar nicht warten können. Es war die richtige Entscheidung! Damit ich wieder zu Kräften kam, bekam ich ein Sandwich zu essen und Saft zu trinken. Sobald ich mich fit genug fühlte, durfte ich aufstehen. Ich ging zurück in die Umkleide, zog mich wieder um und ging zu meiner Mutter, die gespannt auf mich wartete, um ihr von dem ernüchternden Ergebnis zu berichten. Sie war von dem Ergebnis genauso überrascht wie ich, versuchte mich aber mit den gleichen beschwichtigenden Worten wie die Ärztin zu beruhigen. Letztendlich konnte ich eh nichts daran ändern. Nun konnte ich nur noch hoffen, dass diese zwei Eizellen meinen Weg zum Glück bedeuten würden. Wir sind dann zurück ins Hotel gegangen und ich habe mich erstmal richtig ausgeschlafen. Die Narkose bzw. der Eingriff, hatte mich doch ganz schön geschafft, ich hatte auch leichte Schmerzen. Die Paracetamoltabletten, die ich gegen die Schmerzen bekommen hatte, halfen leider nicht so gut, wie ich es mir gewünscht hätte. Als ich mich wieder besser fühlte, sind wir noch mal raus gegangen, um in dem spanischen Restaurant, dass wir bei unserem ersten Besuch in Barcelona entdeckt hatten, etwas zu essen. Natürlich musste es wieder das Fischgericht vom letzten Mal sein, allerdings konnte ich die Begeisterung meiner Mutti darüber nicht teilen. Danach gingen wir noch einmal in dem nahegelegenen Einkaufszentrum bummeln. Zum einen um die Zeit rum zu kriegen und zum anderen, um mich etwas abzulenken. Als wir an einem

Geschäft für Babyausstattung vorbeikamen, wollte ich unbedingt mal reinschauen. Wir schauten nach all den Sachen, die ich mir kaufen würde, wenn die Behandlung klappen sollte. Bereits vor der Behandlung konnte ich nicht umhin, mich mit der Erstausstattung zu beschäftigten. Ich hatte mich bereits über Kinderwagen, Bettchen, Babyschaukeln, Autositze etc. informiert und wusste ganz genau, was ich mir kaufen würde. Nach exakt diesen Dingen hielt ich in dem Geschäft Ausschau und zeigte sie in voller Vorfreude meiner Mutter, die meine Begeisterung sofort mit mir teilte. Auch bei der Babykleidung konnte ich nicht Halt machen. Ich hielt gerade einen Body in der Hand, der mit dem Schriftzug „my mommy and me" übersäht war, als mein Handy klingelte. Es war die Klinik. Mein Herz schien für einen Moment still zu stehen, so dass mein Blut kurz darauf blitzartig wieder mit einem Ruck durch meinen Körper schoss. Eine innere Wärme stieg in mir auf, die mich in Schweiß ausbrechen ließ. Sie sagten mir, dass die Eizellen wie bereits mitgeteilt, von sehr guter Qualität waren und dass die Befruchtung beider Eizellen erfolgreich war. Die Befruchtung erfolgte per ICSI, der sogenannten Intrazytoplasmatischen Spermien-injektion. Hierbei wird ein Spermium unter dem Mikroskop mit einer Pipette in die vorbereitete Eizelle eingebracht. Nun mussten wir abwarten, ob und wie sich die Eizellen entwickeln. Sie würden sich am nächsten Tag wieder melden, um mir mitzuteilen, ob am Donnerstag ein Transfer stattfinden kann oder nicht. Ich war so glücklich, alles schien zu klappen. Aber irgendwie war ich auch hin- und hergerissen

zwischen all meinen Gefühlen. Der Eingriff machte mir immer noch etwas zu schaffen und die Angst, dass doch noch etwas schief gehen würde, ließ mich nicht los. Damit ich letztendlich nicht wieder zu enttäuscht bin, versuchte ich nicht allzu optimistisch zu sein. Die Hoffnung wollte ich allerdings auch nicht aufgeben. Mein Herz raste nun wie verrückt und ein Kribbeln im Bauch machte sich breit. Den Body, den ich vor dem Telefonat entdeckt hatte, wollte ich gar nicht mehr aus der Hand legen. Auch wenn man so etwas eigentlich nicht macht, wollte ich ihn unbedingt kaufen. Er war in diesem Moment für mich der Glücksbringer für die Behandlung und sollte der erste Body für mein Kind sein. Er gab mir ein gutes, ein positives Gefühl. Das Gefühl als würde ab diesem Moment alles gut werden.
Mit diesem Gedanken und dem bis dahin wohl bedeutendsten Kleidungsstück in meinem Leben, gingen wir zurück in unser Hotel.

Am nächsten Tag trauten wir uns nicht das Hotelzimmer zu verlassen, aus Angst den Anruf der Klinik zu verpassen. Wir strickten und häkelten die ganze Zeit Mützen, Schühchen und Pieperle (Vögel) für ein Mobile. Andenken, die uns immer an diese Zeit in Barcelona erinnern werden.
Als dann endlich der lang ersehnte Anruf kam, war ich total erleichtert. Sie teilten mir mit, dass sich die Eizellen sehr gut entwickelt hätten und am nächsten Tag der Transfer stattfinden könne. In diesem Moment prasselten wieder alle Gefühle auf einmal auf mich ein, Freude, Glück, Angst und Panik. Quasi

könnte ich morgen schwanger sein. Ich hoffte so sehr, dass es gleich bei dem ersten Versuch klappen würde. Anhand der medizinischen Voruntersuchungen sah alles gut aus. Eigentlich müsste es funktionieren. Die Eizellentnahme spürte ich leider immer noch. Ich fühlte mich nicht besonders gut und hatte immer noch leichte Unterleibsschmerzen. Mir wurde aber versichert, dass das keine Auswirkungen auf den Transfer und eine Einnistung haben würde. Den Rest des Tages versuchten wir Barcelona als Touristen zu genießen, aber da wir aus einem völlig anderen Grund dort waren, konnten wir uns mit der Stadt an sich irgendwie nicht anfreunden.
Wir fuhren mit dem Linienbus bis zur berühmten Promenade von Barcelona, der La Rambla, und schlenderten dort etwas umher. Genervt von den vielen Touristen fuhren wir mit dem Bus weiter bis zum Strand. Dort war es sehr schön und ein Hauch von Urlaubsstimmung kam auf. Wir beschlossen ein wenig spazieren zu gehen, verliefen uns aber und der als kurz geplante Spaziergang zog sich so sehr in die Länge, dass ich mich gar nicht gut fühlte. Zum Glück fanden wir endlich den Bus, der uns zurück zur Promenade brachte und ich konnte mich etwas ausruhen. Nachdem wir unser kurzes Touristenprogramm abgehakt hatten, aßen wir noch etwas und fuhren dann auch schon wieder zurück ins Hotel. Dort entspannten wir uns weiter beim Häkeln und Stricken.

Am nächsten Tag wurde es ernst, der Transfer sollte stattfinden. Wir gingen in die Klinik und wurden auch dieses Mal wieder freundlich von derselben Dolmetscherin wie am Dienstag empfangen. Sie brachte uns dieses Mal in einen Wartebereich im ersten Stock. Auch dieser hatte wieder eine eigene Toilette. Allerdings durfte ich diese nicht benutzen, da man mit voller Blase die Gebärmutter im Ultraschall besser sehen kann. Das war furchtbar für mich. Wo ich doch wegen der Aufregung schon ständig pinkeln musste, durfte ich jetzt Stunden vor der Behandlung nicht auf die Toilette. Ich hatte regelrecht Schmerzen, weshalb ich dann doch mal zwischendurch ging, um mir etwas Erleichterung zu verschaffen. Wieder wurde mir eine Plastiktüte mit Pantoffeln und einem Kittel gereicht. Auch meine Mutti erhielt sterile Kleidung, denn dieses Mal durfte sie dabei sein. Nachdem wir uns umgezogen hatten, mussten wir kurz warten, dann kam auch schon eine Schwester herein und wir dachten es geht endlich los. Aber stattdessen wurden meine Personalien abgeglichen. Ich musste meinen Reisepass vorlegen und bestätigen, dass ich auch ich bin. Nachdem ich meine Identität bestätigt hatte, ging die Schwester wieder und wir mussten weiter warten. Kurz darauf ging wieder die Tür auf und die Schwester kam mit noch einer anderen Frau herein. Sie wurde uns als die Laborantin vorgestellt, die die Befruchtung meiner Eizellen vorgenommen hatte. Sie erklärte uns anhand einer kleinen Präsentation über einen Bildschirm, der an der Wand befestigt war, die Befruchtung und Entwicklung der Eizellen und zeigte uns ein Bild der befruchteten Eizelle, dir mir eingesetzt werden sollte. Das war total faszinierend, immerhin sah ich da im Grunde mein Kind. Es war

zwar nur ein Achtzeller, aber es war irgendwie auch ein Leben.
Ich hatte mich dafür entschieden, mir nur eine Eizelle einsetzen zu lassen. Bis zu drei wären theoretisch möglich gewesen, aber ich wollte das Risiko einer Mehrlingsgeburt nicht eingehen. Alleine hätte ich nicht für zwei Kinder sorgen können. Sollte es die Natur anders wollen, dann ist das so, aber ich wollte nicht so entscheiden. Die zweite befruchtete Eizelle wurde eingefroren, für den Fall, das ein zweiter Versuch notwendig gewesen wäre, was ich nicht hoffte.

Wir wurden in einen kleinen abgedunkelten Behandlungsraum geführt, der direkt neben unserem Wartebereich lag. Leider durfte die Dolmetscherin nicht mit in den Behandlungsraum, es wurde aber englisch geredet, so verstand ich das Nötigste. Es waren ein sehr netter Arzt und mehrere Schwestern zugegen. Für den kleinen Raum gefühlt zu viele Menschen. Ich legte mich auf den Behandlungsstuhl, meine Mutti stand links neben mir und hielt mir die Hand. Wir waren beide total angespannt und sagten kein Wort. Jede versuchte für sich mit der Situation zurechtzukommen. Dann ging alles ganz schnell. Ich musste noch mal meinen Namen und mein Geburtsdatum nennen, um meine Identität zu bestätigen. Dann wurde das Ultraschallgerät von der Schwester angelegt, die rechts neben mir stand, um meine Gebärmutter auszumachen. Direkt gegenüber dem Behandlungsstuhl hing ein Bildschirm an der Wand, auf dem wir das Ultraschallbild sehen konnten.

Dann kam auch schon die Laborantin aus dem Nebenzimmer, dem Labor, das direkt mit dem Behandlungsraum verbunden war, mit einer Kanüle in der Hand, die meine befruchtete Eizelle enthielt. Der Arzt führte die Kanüle bis in meine Gebärmutter ein, was wir alle im Ultraschall beobachten konnten. Auf einmal sagte er, ich solle aufpassen, denn gleich würde ich eine Explosion sehen. Zumindest hatte ich es so verstanden. Er spritzte die befruchtete Eizelle in meine Gebärmutter und plötzlich leuchtete ein kleiner heller Punkt im Ultraschall auf. Es war total überwältigend. Es war nur ein kurzer Moment, aber er bedeutete für mich die Welt. Es war als würde die ganze Last der letzten Monate von mir abfallen, ich fühlte mich plötzlich ganz leicht und glücklich. Es ist schwer zu beschreiben. Ich fragte den Arzt mit zittriger Stimme und schlechtem Englisch, ob ich davon ein Bild haben könnte. Daraufhin meinte er, dass er jetzt das erste Foto von meinem Baby macht. In diesem Moment brach die ganze Anspannung aus mir heraus, ich weinte und wimmerte die ganze Zeit nur „das ist mein Baby, das ist mein Baby". Ich war fix und fertig. Fühlte ich mich doch jetzt schon schwanger, obwohl ich wusste, dass dem nicht so ist. Ein seltsames Gefühl. Zu wissen, dass man Leben in sich trägt, das noch keines ist. Das Bewusstsein, dass man nichts tun kann, um diesem Leben zum Leben zu verhelfen. Dass es einer höheren Macht, der Natur, dem Schicksal, wem oder was auch immer überlassen ist, was mit meinem Kind passieren würde. Keine Kontrolle darüber zu haben, was die nächsten Stunden, Tage und Wochen geschieht. Eine Schwebe

zwischen Glück und Trauer, die kaum zu ertragen war. Man möchte sich freuen, aber traut sich nicht, weil es auch ganz anders kommen könnte. Ein wirklich seltsames und auch grausames Gefühl, das mir die Brust enger werden ließ und ich hatte das Gefühl, als würde ich von innen heraus zerreißen. Es war so schlimm, dass ich es nicht zulassen wollte und es verdrängte, um weiterhin stark zu sein.
Als er die Kanüle wieder entfernte und meinte, dass ich wieder aufstehen könnte und auch auf die Toilette gehen könnte, traute ich mich zunächst nicht. Aber er versicherte mir, dass alles in Ordnung sei und ich mir keine Sorgen zu machen bräuchte. Wir gingen also zurück in unser Wartezimmer und ich ging auf die Toilette. So vorsichtig habe ich zuvor noch nie gepinkelt, ich hatte die ganze Zeit Angst, ich würde die befruchtete Eizelle direkt wieder verlieren. Ich war total angespannt und wusste nicht, wie ich mit dieser Situation umgehen soll. Als meine Mutti mich in den Arm nahm, musste ich nur noch weinen. Überglücklich und voller Hoffnung lagen wir uns in den Armen und weinten. Ich versuchte mich schnell wieder zu fangen und legte mich erst mal hin, um dem kleinen Krümel etwas Zeit zum Ankommen zu lassen. Dann fotografierte ich das Ultraschallbild ab und informierte erstmal alle Freunde und Verwandte, die mich bis dahin begleitet und unterstützt hatten. Einige hatten bereits nachgefragt, wie es gelaufen sei, ich freute mich sehr, ihnen Positives berichten zu können. So entschied ich mich kurzerhand positiv zu denken und schob alle negativen Gedanken und Gefühle so weit weg wie nur möglich.

Nach circa dreißig Minuten Ruhen durfte ich die Klinik verlassen. Nun musste sich die Eizelle nur noch einnisten und alles wäre gut. Wir gingen mit einem positiven Gefühl. Die ganze Anspannung war verschwunden, alles fühlte sich plötzlich ganz leicht an. An dem Tag blieben wir noch in der Stadt, gingen aber nicht viel vor die Tür, da ich weiterhin etwas Angst hatte, dass ich die Eizelle direkt wieder verlieren würde. So machten wir es uns im Hotelzimmer gemütlich und häkelten bzw. strickten vor uns hin. An dem Tag musste ich mit Utrogest starten. Ich musste mir alle zwölf Stunden vier Tabletten vaginal einführen. Eine wie ich finde sehr unangenehme Angelegenheit. An das Einführen hatte ich mich schnell gewöhnt, aber die Tabletten lösten sich mit der Zeit auf und die Überreste kamen wieder heraus. Der Ausfluss war entsprechend widerlich. Ein besseres Wort fällt mir dafür nicht ein, da es wirklich sehr unangenehm war. Aber es war nötig, um die Einnistung der Eizelle zu begünstigen, daher nahm ich es in Kauf.

Am nächsten Tag ging es dann wieder nach Hause. Kurz vor dem Flug machte ich mir Sorgen, dass er irgendwelche Auswirkungen auf den Krümel haben könnte. Aber da die Ärzte nichts dergleichen erwähnten, versuchte ich diesen Gedanken wieder zu verdrängen und flog mit dem beflügelnden Gefühl ein Baby im Bauch zu haben nach Hause. Nun fing der Alltag wieder an und ich versuchte mich nicht verrückt zu machen. Vierzehn Tage musste ich aushalten, vierzehn lange Tage, dann durfte ich endlich einen Schwangerschaftstest machen. Laut Klinik sollte ich einen Bluttest machen, um das HCG bestimmen zu lassen, damit eine Schwangerschaft konkret bestätigt werden konnte oder auch nicht. Das waren bis dahin die längsten vierzehn Tage meines Lebens und ich fragte mich, wie das andere Frauen machen, die versuchen schwanger zu werden und das über mehrere Zyklen hinweg. Von Natur aus bin ich ein sehr ungeduldiger Mensch. Die Angst, dass der Test negativ ausfallen würde, war zudem sehr groß, aber ich wollte gar nicht daran denken. Aufgrund der Utrogesttabletten, die das Gelbkörperhormon enthalten, fühlte ich mich schwanger oder ich redete mir die Symptome nur ein, ich weiß es nicht. Auf jeden Fall spannten meine Brüste und ich verspürte ab und an eine leichte Übelkeit. Jeden Morgen und Abend führte ich mir die vier Tabletten Utrogest ein und freute mich schon auf den Tag, an dem ich damit aufhören durfte. An einem Morgen hatte ich sie vergessen und bemerkte es auf dem Weg zur Arbeit. Erst dachte ich, ach egal, das eine Mal wird schon nichts ausmachen. Dann überkam mich Panik, was wenn es doch Auswirkungen hat, das hätte ich mir nie verziehen. Auf halben Weg stieg ich aus der Straßenbahn aus und machte mich zu Fuß auf den Rückweg. Völlig aus der Puste kam ich zu Hause an und führte mir noch schnell die Tabletten ein, bevor ich zur nächsten Straßenbahn hetzte. Was für ein Stress. Von da an, hatte ich immer eine Packung Utrogest in der Handtasche, für den Fall, dass mir das noch einmal passieren würde. Der Druck, dass man etwas falsch macht und der negative Test dann auf einen selbst zurückzuführen ist, war bei mir enorm groß. Ich fragte mich, ob das bei allen Frauen so ist oder ob ich nur eine von den Frauen bin, die so überängstlich sind.

Da mir meine Freundinnen und meine Eltern positiv zuredeten, redete ich mir selbst ein, dass es echte Symptome seien und war mir sicher, dass der Schwangerschaftstest positiv ausfallen würde. Die Tage vergingen und die Nervosität stieg unaufhörlich. Ich konnte kaum noch an etwas anderes denken, als an diesen Schwangerschaftstest. Vom Gefühl her war ich mir sicher, dass er positiv ausfallen würde, weshalb ich mich regelrecht darauf freute. Bis es nur noch zwei Tage bis zum Bluttest waren. Diesen Tag werde ich wohl nie in meinem Leben vergessen. Es war ein Dienstag, ich war im Büro und fieberte dem Testtag entgegen. Am späten Vormittag musste ich auf die Toilette und bekam dort den Schock meines Lebens. Ich hatte leichte Blutungen. Nur ganz leicht, es war im Grunde nichts, aber an dem Toilettenpapier war Blut. Mir stiegen Tränen in die Augen und ein Engegefühl in der Brust nahm mir die Luft zum Atmen. Innerlich schrie ich nur „NEIN!“. Das konnte nichts Gutes bedeuten. Ich nahm noch einmal neues Toilettenpapier. Nichts. Was sollte das jetzt bedeuten? Vielleicht war doch alles in Ordnung. Geschockt ging ich erst einmal zurück in mein Büro und berichtete meiner Kollegin davon. Sie versuchte mich zu beruhigen, aber ich war total durch den Wind. Da es mir keine Ruhe ließ, ging ich noch einmal auf die Toilette. Wieder Blut. „Nein, nein, das kann nicht sein, das darf nicht sein!". Ich war am Boden zerstört. Fühlte ich mich doch schwanger, das konnte doch jetzt nicht vorbei sein. Völlig verzweifelt versuchte ich mich zusammenzureißen und ging zurück in mein Büro. Konnte mich aber kaum fassen. Auch meine Kollegin schaffte es nicht mich zu beruhigen. Voller Tränen stammelte ich nur wirres Zeug, ich konnte keinen klaren Gedanken fassen. Daher überredete meine Kollegin mich, nach Hause zu gehen. Das tat ich dann auch. Als ich in meiner Wohnung war, ging ich wieder auf die Toilette und mein Slip war voller Blut. Ich hatte eine Blutung. Pünktlich 28 Tage nach dem letzten Zyklus. Darauf war ich nicht vorbereitet. War ich mir doch so sicher, schwanger zu sein. Medikament hin oder her, immerhin wurde mir eine befruchtete Eizelle eingesetzt, mein Baby, das konnte doch jetzt nicht einfach weg sein. Um sicher zu sein, beschloss ich einen Urinschwangerschaftstest zu machen. Diesen hatte ich bereits besorgt. Auch wenn ich einen Bluttest machen lassen sollte, wollte ich doch auch – wie alle anderen Frauen – auf einen Test pinkeln und das positive Ergebnis fürs Fotoalbum abfotografieren bzw. den positiven Test als Erinnerung aufheben. Nun musste der Test dafür herhalten, mir zu bestätigen, dass ich nicht schwanger war. Obwohl mir längst klar war, dass er negativ ausfallen würde, hatte ich doch noch ein Fünkchen Hoffnung, dass er eventuell doch positiv wäre. Immerhin hört man immer wieder von Frauen, die trotz Schwangerschaft Blutungen haben. So machte ich den Test. Allerdings pinkelte ich nicht auf den Streifen, sondern in einen Becher und hielt den Test hinein. Diesen Tag habe ich sehr blutig in Erinnerung. Gefühlt hatte ich zuvor noch nie so starke Blutungen, wie an diesem Tag. Der Becher voll Urin war auch mit Blut versetzt. Ich hielt den Test die geforderten Sekunden hinein und legte ihn neben mir auf den Badezimmerfußboden. Damit ja nichts schief geht, holte ich die Eieruhr und stellte sie auf zwei Minuten ein. So lange sollte es dauern, bis das Ergebnis feststand. Diese Minuten waren die reinste Qual. Da saß ich nun, blutend auf meinem Badezimmerfußboden und starrte auf einen Schwangerschaftstest. Als die Eieruhr klingelte, war es klar, negativ, ich war nicht schwanger. Die Welt brach um mich herum zusammen, ich brach zusammen. Die Tränen flossen mir über die Wangen und ich schluchzte den ganzen Schmerz heraus. Mein Baby, er sagte doch, er mache ein Foto von meinem Baby. Nun ist es weg. Einfach so, einfach weg. Es war furchtbar. Das Engegefühl in meiner Brust schien mich zu erdrücken, ich konnte kaum atmen. Es fühlte sich an, als hätte ich ein Kind verloren. Mir war klar, dass ich nie wirklich schwanger war, aber mir wurde eine befruchtete Eizelle eingesetzt und durch die Hormone fühlte ich mich schwanger. Und doch war es nicht so. Auch jetzt, wo ich diese Zeilen schreibe, muss ich weinen. Vermutlich kann das kaum jemand verstehen. Wie schaffen das nur die Frauen, die wirklich ein Kind verlieren? Wie schaffen sie es wieder aufzustehen und weiter zu machen? Es muss schrechklich sein, ein Kind zu verlieren. Für mich war dieser negative Test schon furchtbar. Ich fragte mich, was es wohl war bzw. gewesen wäre. Ob es ein

Mädchen oder Junge geworden wäre, wie es ausgesehen hätte, was gewesen wäre, wenn ich die Eizelle nicht verloren hätte, wenn sie sich eingenistet und sich mein sehnlichster Wunsch erfüllt hätte. Es dauerte eine Weile, bis ich mich wieder etwas beruhigt hatte. Dann stand ich auf und leerte den Becher, schmiss den negativen Test weg und legte mich auf die Couch. Dort lag ich erstmal eine ganze Weile und versuchte meine Gedanken zu ordnen. Überlegte, wie es jetzt weitergeht, ob ich direkt einen zweiten Versuch mit der eingefrorenen Eizelle machen konnte oder ob ich noch warten musste. Am Abend rief ich meine Eltern an und berichtete von meinem Tag. Meine Mutti war auch traurig und musste etwas weinen. Vermutlich war für sie in dem Moment das Schlimmste, das sie nicht bei mir sein konnte, um mich in den Arm zu nehmen und mich zu trösten. Wir redeten darüber, wie es weiter geht und sie sprach mir weiterhin Mut zu. Die Unterstützung meiner Eltern bedeutete mir sehr viel. Ich bin so dankbar, dass sie für mich da waren und mich auf diesem Weg begleiteten.
In der Nacht bekam ich kaum ein Auge zu, ständig kamen mir die Tränen und so wimmerte ich mich immer wieder in den Schlaf. Als ich mich am nächsten Tag total gerädert fühlte und noch immer nicht mit dem Weinen aufhören konnte, meldete ich mich kurzerhand im Büro krank. Meine Freundinnen in der Arbeit machten sich Sorgen und fragten nach, ob alles in Ordnung sei. Ich informierte sie kurz über das Testergebnis und bat um Verständnis, dass ich mir den Tag zum Trauern nahm. Ja trauern, so kam es

mir vor. Ich trauerte um mein Kind, um meine Chance Mutter zu sein. Aber nur an diesem einen Tag, mehr wollte ich mir nicht erlauben. Die Angst, dass ich mich in der Trauer und negativen Gedanken verliere, war zu groß. Ich wollte weiterhin stark sein und die Hoffnung auf ein Baby nicht verlieren. Somit raffte ich mich auf und beschloss am nächsten Tag wieder arbeiten zu gehen. Nachdem ich alle meine Gedanken wieder geordnet hatte, informierte ich die Klinik per E-Mail über die Blutung und den negativen Schwangerschaftstest. Kurz darauf bekam ich eine Antwort per Mail, in der ich gebeten wurde, trotzdem einen Bluttest machen zu lassen. Mehr kam nicht. Darüber war ich ehrlich gesagt enttäuscht. Kein tröstender Satz oder Bedauern, einfach nur die Mitteilung, dass sie den Bluttest abwarten möchten. Mir ist bewusst, dass es nicht die Aufgabe der Klinik war, mich aufzuheitern, aber einen kurzen Satz zum Trost hätte ich schön gefunden.

Am nächsten Tag im Büro versuchte ich mich auf die Arbeit zu konzentrieren und wollte nicht über die Ereignisse der letzten zwei Tage reden. Der Test war negativ, ich war nicht schwanger, weiter geht's. Ich wollte nicht darüber reden, was hätte das auch gebracht. Die Eizelle hatte sich nicht eingenistet, das ist nun mal so. Keiner kann sagen, wieso das passiert ist und was ich hätte anders machen können. Ich versuchte mich damit abzufinden und bat die anderen, es mir gleich zu tun.
So früh wie möglich ging ich zu meiner Frauenärztin und ließ mir Blut abnehmen. Das Ergebnis war recht

schnell da. Die Arzthelferin rief mich an und teilte mir mit den Worten „Tja, hat dieses Mal wohl nicht geklappt, das wussten sie ja schon.“ mit, dass ich nicht schwanger war. Wieder solch ein Moment, indem ich den Drang verspürte, die Praxis zu wechseln. Wie kann man nur so unsensibel sein? Das hätte man doch auch netter sagen können. Irgendwie war ich das von den Mitarbeiterinnen dort aber schon gewohnt und versuchte mich nicht darüber aufzuregen. Die Klinik informierte ich wieder per E-Mail über das Ergebnis und fragte nach, wie es weiter geht.

Am nächsten Tag erhielt ich endlich Antwort. Zunächst sollte ich noch am selben Tag mit einer Antibabypille, der Microgynon, Minidril oder Yasmin beginnen, um die stimulierten Eierstöcke ruhig zu stellen und um zu verhindern, dass sich neue Follikel bilden. Sie schickten mir einen neuen Kostenvoranschlag für den Kryoversuch, den Transfer mit der eingefrorenen Eizelle und eine Einverständniserklärung für diese Behandlung. Beides sollte ich unterschreiben und auf dem Postweg an die Klinik schicken. Zudem sollte ich die Anzahlung vornehmen. Die Unterlagen zu verschicken und die Anzahlung per Kreditkarte vorzunehmen, waren alles kein Problem. An einem Freitagmittag ein Rezept für die Antibabypille zu bekommen, war dafür umso schwieriger. Meine Frauenärztin hatte ja nur bis mittags geöffnet, daher machte ich mich gleich auf den Weg zu dem Frauenarzt, bei dem ich zu Anfang schon einmal zum Blut abnehmen war. Auf dem Weg dorthin versuchte ich trotzdem noch meine Frauenärztin zu erreichen. Kurz bevor ich bei dem Arzt ankam, erreichte ich endlich jemanden und sie versicherte mir, dass sie noch circa eine Stunde in der Praxis wären und ich vorbeikommen könnte, um mir das Rezept abzuholen. Ein Stein fiel mir vom Herzen. So musste ich mich nicht noch einmal mit dem gescheiterten Versuch auseinandersetzen, immerhin hätte der Arzt alles wissen wollen und vermutlich auch wieder versucht, mir von einer weiteren Behandlung in Spanien abzuraten. Darauf hatte ich nun wirklich keine Lust. Also ging es in die andere Richtung zur U-Bahn und ab zu meiner Frauenärztin. Als ich dort ankam, war bereits Feierabendstimmung in der Praxis zu spüren. Sie warteten nur noch auf mich. Obwohl sie mir gegenüber nicht immer besonders feinfühlig waren, war ich ihnen in diesem Moment so dankbar. Das Rezept löste ich direkt in der Apotheke um die Ecke ein, ging nach Hause und kümmerte mich um den Papierkram. Die genauen Instruktionen zur weiteren Behandlung sollte ich erst bekommen, wenn die Unterlagen bei der Klinik angekommen waren.

Zum Glück hatte ich dann erst einmal zwei Wochen Urlaub, ich fuhr nach Hause zu meinen Eltern und erholte mich von dem ganzen Stress der letzten Tage. Obwohl ich alle bat, das Thema rund um den gescheiterten Versuch nicht anzusprechen, wünschte ich mir insgeheim, dass es jemand getan hätte. Wir redeten zwar darüber, wie es weitergeht, aber nicht darüber wie es mir ging. Zwar hatte ich sie darum gebeten, aber ich wollte dann doch darüber sprechen und mich mitteilen. Innerlich war ich noch immer verzweifelt am Schreien. Der Schmerz brannte mir wie Feuer auf der Seele und ich wusste nicht, wie ich es löschen konnte. Da ich das Thema aber auch nicht von mir aus ansprechen wollte, hoffte ich, dass der Schmerz von selbst wieder verschwinden würde und ich mich voll und ganz auf den nächsten Versuch konzentrieren kann. Allerdings musste der nächste Versuch mit einer aufgetauten Eizelle durchgeführt werden. Die Vorstellung fand ich etwas bizarr. Wenn sich eine Eizelle von guter Qualität nicht einnisten konnte, wie sollte das bei einer Eizelle klappen, die wochenlang eingefroren war. Die Eizellen verlieren aufgrund des Einfrierens und Auftauens erwiesenermaßen an Qualität. Daher schätzte ich die Chancen einer Einnistung nicht besonders hoch ein und überlegte bereits zu diesem Zeitpunkt wie es weiter gehen würde, wenn es auch bei diesem Versuch nicht klappen sollte. Da die finanziellen Ressourcen meiner Eltern aufgebraucht waren, war mir klar, dass ich für eine weitere Behandlung zunächst sparen oder sogar einen Kredit aufnehmen müsste. Vorsorglich rechnete ich alles durch und machte mir selbst klar, dass der dritte Versuch erst im nächsten Jahr stattfinden könne.

Diese Überlegungen kommen dem ein oder anderen vielleicht etwas verfrüht vor, aber irgendwie brauchte ich das. Es war für mich eine kleine Absicherung, für den Fall, dass der zweite Versuch scheitern würde. Bei dem ersten Mal war ich mir so sicher, dass es klappen würde. Es musste einfach klappen. Etwas anderes wollte ich mir gar nicht eingestehen. Nun setzte ich mich vernünftigerweise mit dem Gedanken auseinander, was passiert, wenn der Test wieder negativ ausfällt. Immerhin gibt es Frauen bzw. Paare, die zehn und mehr erfolglose Versuche hinter sich haben. Wie mag es diesen Menschen gehen? Wie kommen sie damit zurecht? Mit welchen Mitteln halten sie sich aufrecht? Wie kann man so etwas überhaupt überstehen ohne psychische Folgen? War ich doch schon nach dem einen gescheiterten Versuch ein psychisches Wrack.

Nachdem mir die Klinik den Erhalt der Unterlagen bestätigt hatte, bekam ich endlich weitere Instruktionen über die Behandlung und ein Rezept für die notwendigen Medikamente. Der Transfer sollte am 25.08. stattfinden. Die Pille sollte ich bis einschließlich 27.7. durchweg ohne Pause nehmen und ab 02.08. mit Progynovas starten. Das ist ein Medikament das Estradiol (Östrogen) enthält, es soll die Gebärmutterschleimhaut aufbauen und somit zur Vorbereitung für den Kryotransfer dienen. Um einen Eisprung zu verhindern, musste ich mir am 23.7. eine Decapeptylspritze von einem Arzt spritzen lassen. Ich fand es zwar seltsam, dass ich mir die Spritze nicht selber geben durfte, aber hielt mich natürlich an die Anweisungen der Klinik. Wie gesagt, war ich diesem Versuch gegenüber nicht so positiv gestimmt und ging etwas nüchterner an die ganze Sache ran. Obwohl ich in den Wochen zuvor schon so oft Urlaub hatte, konnte ich mir für den erneuten Besuch in Barcelona Urlaub nehmen. Auch meine Mutti bekam problemlos frei. Ihre Kollegen und Kolleginnen fieberten alle mit uns und unterstützen mich auf diese Weise. Die Zeit bis zum 25.8. verging wie im Flug. Der Alltag holte mich nach meinem Heimaturlaub schnell wieder ein und ich versuchte mich abzulenken, wo es nur ging. Obwohl ich nicht besonders optimistisch war, häkelte ich weiter an der Babydecke, mit der ich beim ersten Versuch angefangen hatte. Irgendwann würde ich sie hoffentlich benutzen können. Diese Hoffnung wollte ich mir nicht nehmen. Obwohl ich so negativ war oder vielleicht gerade deswegen, schienen alle Menschen um mich herum umso positiver. Alle versuchten mir Mut zu machen und meinten, es würde schon klappen, ich solle mir nicht so viele Gedanken machen. Sie haben es ja lieb gemeint, aber wieso wollten sie mich wieder aus meiner Realität holen. Dieses Mal wollte ich nicht mit einer rosaroten Brille nach Barcelona fliegen. Ich wollte, dass mir bewusst ist, dass es wieder nicht klappen könnte und versuchte die nervigen allzu positiven Stimmen zu ignorieren. Einen Tag vor unserem Abflug nach Barcelona musste ich bereits mit Utrogest starten. Den Gedanken mit dem Utrogest zum Transfer zu fahren, fand ich nicht besonders angenehm, was meine Stimmung nicht gerade aufhellte. An diesem Tag war ich total in mich gekehrt. Wir waren mit der ganzen Familie auf einem Sommerfest. Ich war zwar da, aber irgendwie auch nicht. Wie in Trance stolperte ich über das Fest, konnte mich aber nicht so wirklich beteiligen. Zu sehr war ich in meinen Gedanken gefangen. Allerdings nicht nur bei diesem Versuch, sondern auch bei dem Kredit, den ich aufnehmen werden müsste. Wieder und wieder spielte ich alle Konstellationen durch, damit ich auf alles gefasst wäre. Es könnte ja auch sein, dass sich die Eizelle nach dem Auftauen nicht weiter entwickelt und sich somit ein Transfer erübrigt hätte. Damit wäre der Kryoversuch gescheitert und meine beiden Eizellen verloren. Der Einzige der es zu bemerken schien oder sich traute, mich auf meine Stimmung anzusprechen, war mein Vati. „Du gefällst mir heute gar nicht" waren seine Worte. Ich wollte meine Gedanken nicht teilen und sagte ihm, dass alles in Ordnung sei und ich lediglich aufgeregt wäre. Dass es gerade ihm auffiel und er seine Sorge um mich äußerte, freute mich sehr. Mein Vati gehört nämlich nicht gerade zu den einfühlsamsten Menschen und hatte sich mir gegenüber auch kaum zu der Kinderwunschbehandlung geäußert. Daher hat mir dieser kleine Satz aus seinem Munde wirklich viel bedeutet.

Am nächsten Tag ging es wieder gut geplant zum Flughafen und ab nach Barcelona. Es war August und das Wetter unterschied sich gewaltig von dem in Deutschland. Als wir aus dem klimatisierten Flughafengebäude traten, traf uns die trockene Mittagshitze wie eine Wand und meine Schweißperlen tanzten Samba. Zum Glück waren der Bus, das Hotel und die Klinik mit einer Klimaanlage ausgestattet, ich weiß nicht, wie ich das sonst ausgehalten hätte. Wir fuhren die gewohnte Strecke und checkten im selben Hotel ein wie beim letzten Mal. Der Transfer sollte am späten Nachmittag stattfinden, die Zeit bis dahin verbrachten wir im Hotel. Dieses Mal kam es mir leicht routiniert vor, immerhin wussten wir, wie es ablaufen würde. Wir wurden wieder nett empfangen und in einen Wartebereich geführt. Als kurz darauf die Tür aufging, begrüßte uns die gleiche Dolmetscherin, wie bei den anderen Terminen. Sie wusste nicht, dass der erste Versuch gescheitert war und sprach uns ihr Mitgefühl aus. Das fand ich sehr nett. Es waren die ersten tröstenden Worte, die von Seiten der Klinik kamen. Sie begleitete uns nach oben in den gleichen Wartebereich wie beim ersten Transfer. Wir zogen uns um und ich musste wieder meine Identität bestätigen. Kurz darauf kam die Dolmetscherin mit einer Laborantin, die mir erklärte, dass sich die aufgetaute Eizelle weiter geteilt hatte und somit einem Transfer nichts entgegensteht. Sie zeigte uns ein Bild von der Eizelle als Achtzeller. Einige Minuten später ging es dann los und wir gingen in den Behandlungsraum. Dieses Mal führte eine Ärztin den Transfer durch, die zu meiner Erleichterung deutsch sprach. Sie erklärte mir noch einmal kurz den Ablauf und auch dann wurden wieder meine Personalien abgeglichen. Der Ultraschall wurde angesetzt und die Laborantin brachte den Katheder mit der befruchteten Eizelle. Seltsamerweise fühlte ich nichts. Meine Mutti hielt mir wieder die Hand, aber ich war leer. In Gedanken war ich schon wieder beim nächsten Versuch. Die Ärztin sprach auch nicht von meinem Baby, worüber ich sehr dankbar war, immerhin war es das ja auch nicht, es war lediglich eine befruchtete Eizelle. So nüchtern versuchte ich es zu betrachten, anders hätte ich es nicht ertragen. Der Schmerz vom ersten Versuch saß immer noch tief.

Auch dieses Mal bekam ich ein Ultraschallbild mit, das ich freudig allen Beteiligten nach dem Transfer schickte. Zwar war ich nicht so euphorisch, wie beim ersten Versuch, aber ich versuchte positiv zu sein, da sich auch dies vermutlich auf den Behandlungserfolg auswirken könnte. Nach einer halben Stunde konnten wir die Klinik verlassen. Dieses Mal ganz ohne Tränen, gefasst und irgendwie erleichtert. Das war also der Kryotransfer. Irgendwie war es seltsam, da fliegt man mal eben nach Barcelona und lässt sich eine befruchtete Eizelle einsetzen. Ich hätte direkt am selben Tag zurückfliegen können, aber wir hielten es für besser, dem Krümel einen Tag Ruhe zu gönnen. Am Dienstag ging es dann schon wieder nach Hause und die Zeit des Hibbelns begann von vorn.

Aber irgendetwas war anders. Beim ersten Versuch merkte ich nichts. Ich hatte zwar leichte Schmerzen durch die Eizellentnahme, aber sonst spürte ich damals nichts. Zwei Tage nach dem Kryotransfer fühlte ich mich furchtbar, ich hatte Blähungen und das Gefühl, als würde ich meine Periode bekommen. Es ging mir insgesamt sehr schlecht und ich befürchtete, dass nun schon alles vorbei wäre. Da es mir am nächsten Tag wieder gut ging, versuchte ich mir keine weiteren Gedanken darüber zu machen. War mir aber sicher, dass ich die Eizelle bereits verloren hatte. Damit ich nicht wieder von der Blutung überrascht werden würde, nahm ich mir vor, einen Tag vor der planmäßigen Periode einen Urinschwangerschaftstest zu machen. Meine Mutti hatte jedoch an diesem Tag Geburtstag und ich wollte ihr an ihrem Ehrentag keine schlechten Nachrichten überbringen, weshalb ich beschloss, den Test einen Tag vorher zu machen. Also zehn Tage nach dem Transfer. Mir war bewusst, dass es viel zu früh für einen Urintest war, aber ich hielt es für eine gute Idee, mich dieses Mal vor dem großen Schock einer Blutung zu bewahren. Um ein aussagekräftigeres Ergebnis zu erhalten, besorgte ich mir einen Frühschwangerschaftstest. Die Tage bis zum Test vergingen dieses Mal etwas schneller. Da ich versuchte nicht allzu optimistisch zu sein, machte ich mir auch nicht so viele Gedanken über das Ergebnis. Je näher der Tag des Testes kam, umso mehr musste ich wieder an den zweiten Tag nach dem Transfer denken, an dem es mir so schlecht gegangen war. Nachdem der erste Versuch gescheitert war, hatte ich viel über die Einnistung gelesen und auch davon, dass manche Frauen Schmerzen bei der Einnistung hätten. Optimismus machte sich breit, vielleicht waren das Einnistungsschmerzen gewesen. Allerdings erfolgt eine Einnistung meist nicht bereits zwei Tage nach dem Transfer. Es war, als hätte ich zwei Stimmen in meinem Kopf, die eine optimistisch, die andere realistisch. Beide stritten sich unaufhörlich und ich wusste nicht so recht, wem ich glauben sollte. Natürlich wollte ich der optimistischen Stimme glauben, fand aber die Argumente der anderen Stimme durchaus plausibel. Dass ich den Test machen würde, erzählte ich nur meiner Freundin und Kollegin, mit der ich mir ein Büro teilte. Meiner Mutter wollte ich es nicht sagen, damit sie sich nicht wie ich, so viele Gedanken darüber macht. Es war ein

Freitagmorgen. Da der Morgenurin der Beste für einen Schwangerschaftstest ist, wollte ich den Test direkt am Morgen machen. Der Plan war wie immer um 6:00 Uhr aufzustehen und den Tag wie gewohnt zu starten. Allerdings war ich bereits um halb fünf wach. Ich zwang mich liegen zu bleiben, konnte aber nicht noch einmal einschlafen, dafür war ich viel zu aufgeregt. Mein Gefühl sagte mir, dass der Test positiv ausfallen würde, ich traute mich aber kaum, dieses Gefühl zuzulassen. Bis halb sechs konnte ich es aushalten, dann stand ich auf. Dieses Mal machte ich es aber anders. Ich wollte nicht wieder gespannt auf dem Boden sitzen und mir von einer Eieruhr diktieren lassen, wann ich auf den Test schauen soll. Der Frühschwangerschaftstest, den ich gekauft hatte, war digital und zeigte entweder schwanger oder nicht schwanger an. Ich pinkelte wieder in einen Becher und hielt den Test so lange wie gefordert hinein. Dann legte ich ihn auf den Waschbeckenrand und versuchte mir in aller Ruhe die Zähne zu putzen. Ich zwang mich nicht auf den Test zu schauen. Die zwei Stimmen stritten sich wieder in meinem Kopf und meine Vorfreude stieg. Ich wurde ganz unruhig und zappelte nervös auf der Stelle. Dann schaute ich für einen Moment runter, ohne zu wissen, ob die Wartezeit schon rum war. Und da stand es, schwanger. Ich war so glücklich, es ist kaum in Worte zu fassen. Auch jetzt steigen mir gerade wieder Tränen in die Augen. Es war ein Gefühl, so schön dass man die Zeit anhalten möchte. Alle Last fiel von meinen Schultern und ich fühlte mich leicht, als könnte ich schweben. Ich hüpfte noch mit der

Zahnbürste im Mund auf und ab und quietschte vor Glück und Aufregung. Dann überkam mich der Gedanke, dass Hüpfen nicht gut sei und hörte sofort damit auf. Kurzerhand flog die Zahnbürste beiseite und ich rief sofort meine Eltern an. Bei dem ersten Versuch hatte meine Mutti das Telefon nachts immer mit ins Schlafzimmer genommen, weshalb ich mir sicher war, dass ich sie sofort erreichen würde. Aber nein, niemand ging ans Telefon. Etwas enttäuscht aber immer noch total aufgeregt, sprach ich total verheult und mit zitternder Stimme auf den Anrufbeantworter „ Ich bin‛s, ich bin schwanger! Ich hab einen Test gemacht, der war positiv. Ich geh jetzt erstmal duschen und ruf dann noch mal an". Überglücklich stieg ich unter die Dusche und machte mich für die Arbeit fertig. Die ganze Zeit über musste ich grinsen. Immer wieder hielt ich inne und hatte das Gefühl, die ganzen Welt vor Dankbarkeit umarmen zu können. Nachdem ich abfahrbereit war, versuchte ich noch einmal meine Eltern zu erreichen, aber auch dieses Mal ging niemand ans Telefon. Jetzt wurde ich langsam sauer. Etwas genervt hinterließ ich auf dem Anrufbeantworter die Nachricht „Ich geh dann jetzt arbeiten. Ach und übrigens, bin ich immer noch schwanger.". Auf dem Weg ins Büro versuchte ich es mehrfach mit dem Handy, aber keine Chance. Sie hörten das Telefon einfach nicht. Ich war total enttäuscht. Sollte doch meine Mutti die Erste sein, die es erfährt. Aber egal, ich grinste über beide Ohren und wusste gar nicht wohin mit so viel Glücksgefühl. Als ich in mein Büro kam, war meine Kollegin bereits da und telefonierte. Nicht einmal ihr konnte ich die gute Nachricht überbringen. Aber irgendwem musste ich mich doch mitteilen, also schrieb ich auf einen Klebezettel „schwanger" und klebte ihn an ihren Bildschirm. Daraufhin beendete sie ihr Telefonat und fiel mir in die Arme, um mir zu gratulierten. Ich musste wieder weinen, vor Glück und Erleichterung. Sie hat sich so sehr für mich gefreut. Ich strahlte immer noch über beide Ohren und habe damit bis heute nie so richtig aufgehört. Nachdem ich ihr erzählt hatte, dass ich meine Eltern noch nicht erreichen konnte, versuchte ich es erneut. Endlich ging meine Mutti ans Telefon und fragte ganz erschrocken, was los sei. Ich fragte zunächst, ob sie den Anrufbeantworter noch nicht abgehört hatte, was sie verneinte. Dann sagte ich ihr, dass sie Oma wird und sie fing an zu weinen. In diesem Moment hätte ich mir gewünscht, dass sie bei mir wäre und wir uns in die Arme hätten fallen können. Immerhin hatten wir das beide durchgestanden. Sie war die ganze Behandlung über an meiner Seite. Nun konnte ich ihr die tolle Nachricht nur am Telefon überbringen.

An diesem Tag war ich der glücklichste Mensch auf der Welt und konnte gar nicht mehr aufhören zu lächeln. Das Glück war mir regelrecht ins Gesicht geschrieben. Allerdings wusste ich, dass noch alles offen war. Schwanger sein heißt leider nicht immer auch schwanger bleiben. Daher kamen schnell wieder düstere Gedanken und die Angst, dass ich mein Baby wieder verlieren könnte. Allerdings versuchte ich diese Gedanken nicht Überhand gewinnen zu lassen und genoss weiterhin das Glück, das mich mit einer

Leichtigkeit ausfüllte, wie ich es noch nie erlebte. Natürlich habe ich auch alle Freunde und Verwandte über den positiven Test informiert. Alle freuten sich mit mir und ich war jedes Mal wieder im Glücksrausch, wenn ich es jemandem erzählen konnte. In der Arbeit habe ich es natürlich noch nicht offiziell gemacht, hier wollte ich die kritische Zeit, die zwölf Wochen, abwarten. Nach diesem von Glück erfüllten Wochenende wollte ich am Montag zum Frauenarzt gehen, um den positiven Urinschwangerschaftstest mit einem Bluttest bestätigen zu lassen. Da ich beschlossen hatte, die Frauenärztin zu wechseln, wollte ich gar nicht erst in die missliche Lage kommen und mich mitten in der Schwangerschaft verabschieden. Also suchte ich einen Frauenarzt in der Nähe vom Büro, bei dem ich den Bluttest machen lassen konnte. Leider war der mir bekannte Frauenarzt, bei dem ich am Anfang der Kinderwunschbehandlung war, nicht verfügbar. So musste ich wieder auf die Suche nach einem anderen Arzt gehen. Zum Glück wurde ich schnell fündig und nach einem kurzen Telefonat, wurde mir auch direkt zugesichert, dass ich sofort vorbeikommen könnte. Da es sich nur um einen Bluttest handelte, ging ich davon aus, dass es nicht lange dauern würde. Leider war dem nicht so. Auch dort musste ich über eine Stunde warten. Bevor es zum Bluttest kam, wollte die Ärztin noch mit mir sprechen. Das kannte ich ja schon, also erzählte ich ihr die ganze Geschichte in Kurzform, damit ich schnellstmöglich wieder zurück ins Büro konnte. Nachdem mir endlich Blut abgenommen worden war, flitzte ich zurück ins Büro.

Irgendwie hatte ich ein mulmiges Gefühl. Die Angst, dass der Bluttest die Schwangerschaft nicht bestätigen würde, wurde immer größer. Das Ergebnis sollte ich erst am nächsten Tag erfahren. Mir wäre lieber gewesen, wenn ich selbst hätte im Labor anrufen dürfen, aber dieser Bitte kam die Ärztin leider nicht nach. So musste ich noch mal einen Tag zittern. Die Nacht war sehr unruhig, immer wieder fasste ich mir an meinen Bauch und hoffte, dass es meinem Baby gut geht. Als ich endlich aufstehen und ins Büro fahren konnte, wurde ich etwas entspannter. Kaum war es 8 Uhr griff ich zum Hörer und rief in der Frauenarztpraxis an. Die Arzthelferin war sehr nett und teilte mir mit, dass der Bluttest die Schwangerschaft bestätigte, das HCG lag bei 149. Mir fiel ein Stein vom Herzen, alles war in Ordnung, ich war wirklich schwanger. Die Angst wich und das Glücksgefühl umgab mich wieder. Nun war es amtlich. So schrieb ich der Klinik, um ihnen die gute Nachricht mitzuteilen. Keine halbe Stunde später kam bereits eine Antwort. Sie gratulierten mir und rieten mir, nach zwei Tagen noch einmal einen Bluttest machen zu lassen, denn der Wert muss sich für eine korrekte Evolution alle 48 Stunden verdoppeln. Da bekam ich gleich wieder Angst. Was wenn sich der Wert nicht verdoppeln würde? Wieder war mein Glücksgefühl getrübt. Würde das denn nie aufhören? So rief ich noch einmal in der Frauenarztpraxis an und vereinbarte einen Termin für eine erneute Blutabnahme am nächsten Tag. Unruhe machte sich wieder breit. Auch wenn ich versuchte, mein Glück nicht trüben zu lassen, hatte ich Angst, dass sich mein Baby nicht richtig entwickeln würde. Nach der Blutabnahme hatte ich wieder ein mulmiges Gefühl. Wieder versuchte ich mich auf das Schlimmste vorzubereiten, soweit man das kann. Auch in dieser Nacht schlief ich sehr unruhig und hielt mir meinen Bauch. Bereits zu diesem Zeitpunkt sprach ich mit meinem Baby und flehte es an, sich festzuhalten und bei mir zu bleiben. Es ist unbeschreiblich, wie sehr man einen Menschen lieben kann, den man noch nie gesehen hat, alleine weil man weiß, dass es ihn gibt und nicht erwarten kann, ihn in seinen Armen zu halten. Punkt 8 Uhr am nächsten Tag rief ich in der Frauenarztpraxis an und erhielt die erleichternde Nachricht, dass der HCG-Wert angemessen gestiegen ist und alles in Ordnung war. Schnell beruhigte ich mich wieder und bedankte mich bei meinem Krümel, für seine Kraft und seinen Willen, bei mir zu bleiben. Die Klinik empfahl mir, die Medikamente, also das Östrogen und das Utrogest, noch bis zum 02.11. zu nehmen und am 29.9., in der achten Schwangerschaftswoche, den ersten Ultraschalltermin wahrzunehmen. Diesen Termin konnte ich kaum abwarten. Es war die fünfte Schwangerschaftswoche, das hieß noch drei Wochen, bis ich mein Baby endlich sehen konnte. In der Zeit ging es mir eigentlich gut, ich hatte kaum Beschwerden. Außer Müdigkeit, leichte Übelkeit und dass ich schneller aus der Puste war, als sonst, ging es mir sehr gut. Ich freute mich auf mein Baby und machte Pläne. Etliche Onlineshops wurden durchstöbert und Ausschau nach Babysachen gehalten. In erster Linie schaute ich nach Mädchen-

sachen, da ich in meiner Vorstellung immer ein Mädchen bekam.
In der siebten Schwangerschaftswoche kam dann der große Schock. Ich hatte wieder leichte Blutungen. Es waren im Grunde keine Blutungen, es war nach dem Toilettengang etwas Blut am Toilettenpapier. Genau so ging es aber auch beim ersten Fehlversuch los, daher war ich total geschockt und die Angst mein Kind zu verlieren war präsenter denn je. Als ich das Blut sah, konnte ich es nicht glauben und erstarrte regelrecht. Meine Eltern waren gerade zu Besuch, ich rief sofort nach meiner Mutti und zeigte ihr das Blut. Sie versuchte mich zu beruhigen und war sich sicher, dass nichts sei. Diese Gewissheit konnte ich leider nicht teilen. Die Tränen flossen mir über mein Gesicht und die Panik verkrampfte meinen ganzen Körper. Meine Brust schnürte zu und ich konnte keinen klaren Gedanken mehr fassen. Voller Trauer musste ich an den Tag meines ersten Schwangerschaftstestes denken und sah mich schon wieder blutend auf meinem Badezimmerfußboden sitzen. Nur das es dieses Mal ein richtiger Abgang wäre und ich tatsächlich mein Kind verlieren würde. Es war ein Sonntag, so dass ich noch nicht einmal zum Arzt hätte gehen können. Obwohl ich versuchte optimistisch zu bleiben, machte ich mich total verrückt. Die Angst wurde schlimmer, als ich auch noch Unterleibsschmerzen bekam. Es waren nicht nur leichte Schmerzen, es waren ziemlich starke Schmerzen, wie wenn ich meine Periode bekam. Die gleichen Schmerzen, die ich zuvor immer mit starken Schmerztabletten betäubt hatte. Da ich keine

Tabletten nehmen wollte, um meinem Kind nicht zu schaden, lag ich die halbe Nacht wach vor Schmerzen und grübelte weinend vor mich hin. Die ganze Zeit hielt ich mir den Bauch und flehte mein Baby an, nicht loszulassen. Am liebsten wäre ich ins Krankenhaus gegangen, um mir Gewissheit zu verschaffen, hielt es aber doch für übertrieben. Eine richtige Blutung stellte sich nicht ein, aber die Schmerzen machten mir riesige Sorgen. Am nächsten Morgen rief ich bei der Frauenärztin an, die ich mir ausgesucht und bei der ich bereits einen Termin für den ersten Ultraschall vereinbart hatte. Da ich noch nie dort war und sie keinen Termin mehr frei hatten, konnte oder wollte mich die Arzthelferin nicht dazwischen schieben und riet mir ins Krankenhaus zu gehen. Als ich das Wort Krankenhaus hörte, geriet ich erst recht in Panik. Meine Brust schnürte sich wieder zu und mir blieb die Luft weg. Nach Luft schnappend weinte ich bitterlich vor Angst, mein Kind zu verlieren. Meine Mutti versuchte mich weiterhin zu beruhigen und machte mir klar, dass die Verweisung auf das Krankenhaus nichts Schlimmes bedeute. Sie riet mir, bei meiner vorherigen Frauenärztin anzurufen, dort konnte ich ja bisher immer ohne Termin vorstellig werden. Das tat ich dann auch und Tatsache konnte ich sofort vorbeikommen. Es fiel mir schwer nicht die ganze Zeit zu weinen, ich musste mich echt zusammenreißen. Total nervös und ängstlich saß ich im Wartezimmer und hoffte, dass ich bald dran kommen würde. Zum Glück musste ich nicht allzu lange warten und eilte in den Behandlungsraum. Ganz aufgeregt und hibbelig erzählte ich ihr unter Tränen von der leichten Blutung und den starken Unterleibsschmerzen. Die einzige Möglichkeit, mir Gewissheit über den Zustand meines Babys zu verschaffen, war ein Ultraschall. Es war bis dahin das Unglaublichste, das ich je in meinem Leben gesehen hatte. Im Ultraschall war schnell meine Gebärmutter ausgemacht und darin sah man eine Fruchthöhle und ein kleines Leben. Es sah im Ultraschall fast aus wie ein Strichmännchen. Ich war total überwältigt. Nun flossen mir Tränen vor Freude über das Gesicht. Sie erklärte mir, was sie sah, mein Baby. Aber nicht nur das, man konnte auch den Herzschlag sehen und womit ich nicht gerechnet hatte, man konnte ihn auch hören. Die Erleichterung, die ich in diesem Moment empfunden habe, ist kaum zu beschreiben. Es war nicht nur ein Stein, der mir vom Herzen gefallen ist, es war die Welt. Da war mein Baby, es hatte bereits ein Herz, das schlägt. Es war der Wahnsinn. Es war gerade mal die siebente Schwangerschaftswoche, mir war nicht klar, dass man zu diesem Zeitpunkt schon so viel im Ultraschall erkennen konnte. Ich war so dankbar und hätte meine Ärztin am liebsten umarmt. Sie gab mir das Bild von meinem Baby mit, das ich gar nicht mehr aus der Hand legen wollte. Nachdem sie mich mit diesen Bildern beruhigen konnte, zog ich mich wieder an. Sie erklärte mir noch, dass die Blutung vermutlich daher rühre, dass ich mich beim Einführen des Utrogest verletzt hätte. Aufgrund der hormonellen Umstellung war die Durchblutung stärker, weshalb es schneller zu Verletzungen kommen kann. Die Unterleibsschmerzen kamen ihrer Meinung nach von den Mutterbändern, die sich dehnten. Von diesen Bändern hatte ich schon gehört, aber nicht davon, dass diese Dehnung so früh anfängt und solche Schmerzen verursacht. Dies ist scheinbar von Frau zu Frau verschieden, aber auf jeden Fall völlig normal. Da es mir aufgrund der Schmerzen sichtlich schlecht ging, wollte sie mich für ein paar Tage krankschreiben und empfahl mich vorsichtshalber etwas zu schonen. Meine Eltern warteten - aufgrund meiner Panikmache - leicht angespannt auf mich. Über die guten Neuigkeiten waren sie natürlich sehr erfreut und waren auch total von dem Ultraschallbild begeistert.

Eine Woche später hatte ich den geplanten Ultraschalltermin bei meiner neuen Frauenärztin. Meine Mutti war extra noch geblieben, weil sie dabei sein wollte. Leider war meine Ärztin gar nicht da und ich musste zu ihrer Vertretung. Zum Glück war es nur die Vertretung, ich fand sie furchtbar. Nicht nur, weil sie der Meinung war, den Entbindungstermin falsch festzusetzen, auch weil sie nicht in der Lage war ein schönes Ultraschallbild zu Stande zu bekommen. Wir konnten meinen Krümel kaum ausmachen. Man konnte ihn nur leicht erahnen. Zum Glück sah man den Herzschlag, sonst hätte ich mir Sorgen gemacht. Der Termin war sehr enttäuschend. Nicht nur für mich, auch für meine Mutti. Hatte ich doch eine Woche zuvor noch viel mehr gesehen und gehört, wir waren total unbefriedigt. Ich hoffte, dass meine neue Frauenärztin einen besseren Eindruck bei mir hinterlassen würde, was dann zum Glück auch so war. Sie ist die beste Frauenärztin, die man sich wünschen kann.

Die nächsten Schwangerschaftswochen vergingen wie im Fluge, zumindest kommt es mir im Nachhinein so vor. Die Übelkeit wurde immer stärker, aber ich musste nicht spucken, worüber ich sehr froh war. Sobald die Übelkeit kam, knabberte ich Karotten, die halfen seltsamerweise. Dazu kamen dann noch schmerzende Brüste und Sodbrennen. Meine Hosen spannten auch schon. Bereits in der siebenten Schwangerschaftswoche kaufte ich mir meine erste Umstandshose. Mit den Unterleibsschmerzen bzw. Dehnungsschmerzen hielt ich es in meinen Hosen nicht mehr aus. Der Krümel ließ den Bauch schnell wachsen und forderte sehr früh Platz.

So langsam erzählte ich auch den Freunden von meiner Schwangerschaft, die ich zuvor nicht in meine Pläne bezüglich der Kinderwunschbehandlung eingeweiht hatte. Bei einer Freundin war es besonders witzig, deshalb möchte ich es hier erzählen. Wir sehen uns nicht oft, daher konnte ich die Behandlung gut vor ihr verschweigen. Bei ihr war ich mir nicht sicher, wie sie reagieren würde, da ich mich an ein Gespräch in einer Mädelsrunde erinnerte, bei der mein Plan B, mit meinem Bekannten ein Baby zu bekommen, nicht gerade positiv aufgenommen wurde. Sie war zwar nicht diejenige, die so negativ reagierte, aber da ich nicht mehr wusste, wie sie dazu stand, hielt ich es für besser, sie nicht einzuweihen. Nun wollte ich es ihr aber sagen und kam mir irgendwie blöd vor, dass ich es ihr nicht längst erzählt hatte. Bei einem Telefonat fragte sie mich, was es so Neues bei mir gibt. Ich wusste nicht so Recht, wie ich es sagen sollte. Am Telefon wollte ich es ihr nicht erzählen, daher fragte ich nach einem Treffen und dass ich ihr dann von meinen Neuigkeiten berichten würde. Eigentlich kann ich es selber nicht leiden, wenn man auf etwas neugierig macht und dann nicht gleich erzählt, aber ich wollte es ihr gerne persönlich sagen. Da sie super gespannt war, verabredeten wir uns ein paar Tage später. Sie kam nach der Arbeit direkt zu mir und brachte Hunger mit, weshalb ich ihr zunächst anbot, sich ein Brot zu schmieren. Dies tat sie dann auch und meinte, sie wolle raten, was meine Neuigkeiten sind. Diesen Spaß wollte ich mitmachen, da ich mir sicher war, dass sie nie im Leben auf eine Schwangerschaft kommt. Da sagte sie direkt „Du bist schwanger!“ und grinste mich an. Ich war total perplex und wusste gar nicht, wie ich darauf reagieren soll. Daher sagte ich zunächst nur „Dir ist schon klar, dass ich mich hab künstlich befruchten lassen?“.

Zu meiner Überraschung war ihr das klar. Eigentlich dachte ich, dass ich sie überraschen würde, nun war es genau anders herum. Sie war total happy und umarmte mich. Ich war immer noch perplex. Immerhin hatte ich mich auf Diskussionen und Rechtfertigungen eingestellt. Sie wollte alles wissen und starrte mich neugierig an. So erzählte ich ihr erst einmal von den letzten Monaten und der Behandlung und bat sie nicht sauer zu sein, dass ich sie nicht in meine Pläne eingeweiht hatte. Sie nahm es mir zum

Glück nicht übel, konnte aber nicht verstehen, wieso ich es ihr nicht anvertraut hatte.

In der elften Schwangerschaftswoche hatte ich dann endlich wieder einen Kontrolltermin, dieses Mal auch bei der richtigen Ärztin. Bei dieser Kontrolle konnte ich meinen Krümel das erste Mal richtig sehen. Er hat die ganze Zeit gezappelt, als wollte er auf sich aufmerksam machen. Es war unglaublich. Ich war total glücklich, ihn so putzmunter zu sehen. Die Ärztin war auch sehr zufrieden. Alles war in bester Ordnung. In der zwölften Schwangerschaftswoche habe ich jeden Tag gezählt, bis sie rum war. Die kritische Zeit war endlich überstanden, das erste Trimester war geschafft. Nun fehlte nur noch die Nackentransparenzmessung in der dreizehnten Schwangerschaftswoche. Danach, so hoffte ich, konnte ich mich endlich entspannen und die Schwangerschaft genießen.

Vor jedem Kontrolltermin bei meiner Frauenärztin freute ich mich darauf meinen kleinen Krümel zu sehen, hatte aber auch jedes Mal Angst, dass irgendetwas nicht in Ordnung ist. Dazu erinnere ich mich noch gut an ein Telefonat mit meiner Mutti, bei dem ich ihr sagte, dass ich es kaum bis zur Geburt abwarten könnte, damit dann endlich diese Angst um mein Kind aufhört. Da lachte sie nur und meinte, dass diese Angst nie aufhören würde, dass ich mir immer Sorgen um mein Kind machen werde, auch wenn es erwachsen ist. Obwohl das logisch ist, war mir das nicht bewusst. Diese Ängste als Mutter waren mir völlig fremd. Keiner hatte mir je davon erzählt und ich hatte auch nichts darüber gelesen. Nun hatte ich Verantwortung für ein Leben und würde mir immer Sorgen machen. Meine Mutti beruhigte mich immerhin etwas damit, dass man mit der Zeit lernt damit umzugehen. Allerdings fragte ich später noch befreundete Mamis, ob das bei ihnen auch so war bzw. ist und wieso sie mir davon nie etwas erzählt hätten. Auch von ihnen erhielt ich belächelnde Aussagen dazu. Es ist wirklich interessant, dass viele Mamas nur das Positive erzählen und alles Negative vor anderen verschweigen oder beschönigen.

Bei der Untersuchung in der dreizehnten Schwangerschaftswoche war mein Krümel wieder sehr aktiv und hat Purzelbäume gemacht. Die Ärztin hatte es nicht einfach bei der Ultraschall-untersuchung. Sie hat sich aber alle Organe anschauen können. Er war kerngesund. Alles war genau so, wie es sein sollte. Das Geschlecht wollte sie mir allerdings noch nicht verraten. Worüber ich sehr enttäuscht war. Sie erklärte mir aber, dass man es erst nach der dreizehnten Schwangerschaftswoche bestimmen darf, damit es zu keinen geschlechter-bedingten Abtreibungen kommt. Obwohl ich ihr versicherte, dass es für mich keine Rolle spielt, ob es ein Junge oder ein Mädchen ist, hielt sie sich strikt an diese Regel.
Auch wenn mir das Geschlecht egal war, wünschte ich mir insgeheim, dass es ein Mädchen ist. In meiner Vorstellung hatte ich immer eine Tochter. Seit Jahren weiß ich den Namen, den meine Tochter einmal

tragen würde. Ein Junge war irgendwie nie in meinen Gedanken. Dies lag vermutlich daran, dass ich mir sicher war, dass ein Mädchen genauso aussehen würde wie ich. Immerhin sehe ich aus wie meine Mutti und meine Oma. Sie wäre also wie ich und nicht fremd. Davor hatte ich etwas Angst, dass ich mein Kind als fremd ansehen würde. Immerhin ist der Vater ein Fremder. Die Angst, Tag für Tag in ein fremdes Gesicht zu sehen, verunsicherte mich. Was wenn ich ihn nicht annehmen könnte? Was wenn ich ihn hässlich finden würde? Was wenn ich ihn nicht als ein Teil von mir sehen würde? Diese Fragen gingen mir durch den Kopf und gehörten auch zu den kritischen Fragen, mit denen ich mich bereits vor meiner Entscheidung für eine künstliche Befruchtung auseinandergesetzt hatte. Nun war diese Angst jedoch Wirklichkeit geworden und ich hoffte so sehr, dass sie mich nicht übermannen und ich mein Kind, komme was wolle, lieben würde. Bei dem Gedanken, dass es ein Mädchen wäre, kamen diese Gefühle nicht auf. Daher hoffte ich auf eine kleine Emma, obwohl mir mein Bauchgefühl etwas anderes sagte. Die Ultraschallbilder, die ich mitbekam, gaben leider keine Auskunft über das Geschlecht. Ich durchsuchte das Internet nach Ultraschallbildern, um herauszufinden, ob es ein Junge oder ein Mädchen ist. Alles deutete auf einen Jungen hin, allerdings wollte ich das aufgrund meiner Ängste nicht wahr haben und hoffte weiterhin auf ein Mädchen. In der siebzehnten Schwangerschaftswoche hatte ich endlich den nächsten Kontrolltermin. Kaum hatte die Ärztin das Ultraschallgerät angelegt, war klar, dass es ein Junge ist. Er hatte sich direkt von seiner besten Seite gezeigt. Es war unverkennbar, ohne Zweifel, ein Junge. Obwohl ich mir immer ein Mädchen gewünscht hatte, freute ich mich riesig, ich würde einen Sohn haben. Irgendwie wusste ich es schon. Die ganze Zeit über hatte ich es schon geahnt. Viele Mütter berichten von diesem Phänomen. Bei mir war es scheinbar auch so. Mein Bauchgefühl sagte mir, dass ich einen Jungen bekommen würde. Vielleicht waren deshalb die kritischen Fragen so präsent. Offenbar musste ich mich mit meinen schlimmsten Ängsten auseinandersetzen, damit ich mich auch wirklich freuen kann, wenn ich es erfahre. Es dauerte auch nicht lange und der Name stand fest. Es war der erste Name, der mir in den Sinn kam und da er mir nicht mehr aus dem Kopf ging, entschied ich mich dafür. Allerdings muss ich zugeben, dass ich trotz der Freude, die ich über meinen Sohn empfand, immer noch Angst hatte, ihn nicht als meinen Sohn zu sehen, wenn er auf der Welt wäre. Die Angst, dass ich ihn fremd und eventuell sogar hässlich finden würde, begleitete mich weiter.

Die restliche Schwangerschaft verlief bis auf die üblichen Wehwehchen völlig problemlos. Der kleine Mann entwickelte sich prächtig und mein Bauch wurde immer dicker und dicker. Ab Ende der neunzehnten Schwangerschaftswoche konnte ich ihn sogar spüren. Ein wirklich unbeschreibliches Gefühl. Anfangs war ich mir nicht sicher, ob er es ist, oder nur meine Gedärme. Aber je länger ich in mich hineinhorchte, umso sicherer war ich mir, dass es mein Baby war. Von Tag zu Tag wurden diese

Bewegungen stärker, bis man sie sogar von außen sehen konnte. Er war immer sehr aktiv, meine Ärztin hatte jedes Mal Mühe ihn per Ultraschall zu untersuchen. Er war ständig am Zappeln.
Ich lebte von Woche zu Woche und bereitete mich auf die Geburt und die Zeit danach vor. Möbel, Kleidung und der Kinderwagen wurden gekauft und alles für seine Ankunft hergerichtet. Plötzlich war ich schon im Mutterschutz und fieberte der Geburt entgegen. Bereits zu Anfang sagte ich zu meiner Ärztin, dass ich keinen Kaiserschnitt haben möchte. Da die Schwangerschaft künstlich hervorgerufen worden war, wollte ich wenigstens auf „normalem" Weg entbinden. Diesen Wunsch konnte sie nachvollziehen. Mein Krümel war aber bei jeder Untersuchung größer als der Durchschnitt, weshalb wir öfter über das Thema Kaiserschnitt sprachen, als mir lieb war. Ich wollte keinen Kaiserschnitt. Deshalb besprachen wir die Möglichkeit einer Einleitung, um eine natürliche Geburt zu einem früheren Zeitpunkt zu erreichen. Allerdings hoffte ich, dass es dazu nicht kommen würde.
In der fünfunddreißigsten Schwangerschaftswoche hatte ich einen Kontrolltermin bei der Hebamme. Sie stelle fest, dass der Muttermund bereits einen Fingerbreit geöffnet war und riet mir dazu, mich zu schonen. Aufgrund dieses Befundes und seiner Größe waren wir uns alle sicher, dass er vor dem Termin auf die Welt kommt.
In der siebenunddreißigsten Schwangerschaftswoche hatte ich den letzten Kontrolltermin bei meiner Ärztin. Mittlerweile war auch meine Mutti da, sie wollte bzw.

sollte unbedingt bei der Geburt dabei sein. Sie begleitete mich auch zu diesem Termin. Da der Muttermund bereits zwei Wochen zuvor einen Fingerbreit geöffnet war, gingen wir davon aus, dass es bald losging. Allerdings hatte sich nichts weiter getan. Der Befund war unverändert. Der Ultraschall ergab allerdings, dass der kleine Mann ca. 3700 g wog und einen Kopfumfang von 34 cm hatte. Meine Ärztin erklärte uns, dass er, wenn wir bis zum errechneten Geburtstermin warten über 4000 g wiegen würde und ich ihn dann niemals durch mein Becken bekommen könnte. Eine natürliche Geburt wäre somit ausgeschlossen. Daher entschieden wir uns gemeinsam für eine Einleitung. Nachdem mit der Frauenklinik alles abgesprochen war, sollte ich bereits am nächsten Tag zur Einleitung ins Krankenhaus. Endlich, dachte ich mir nur, endlich werde ich meinen Sohn in den Armen halten können. Natürlich wusste ich, dass so eine Einleitung mehrere Tage dauern kann, aber das war mir egal. Es war nun absehbar, nur noch ein paar Tage trennten mich von meinem Wunschkind.
Um 8 Uhr morgens stellte ich mich im Kreißsaal vor. Nachdem ich aufgenommen und untersucht worden war, musste ich mich erst einmal rechtfertigen, wieso ich 18 Tage vor dem errechneten Geburtstermin zur Einleitung komme. Die Hebammen konnten unsere Entscheidung nicht nachvollziehen. Da mein Sohn laut meiner Ärztin voll entwickelt war, konnte ich diese Bedenken nicht teilen, aber durchaus verstehen. Mir wurde eine Tablette eingeführt, die den Muttermund öffnen sollte, um die Geburt einzuleiten. Danach

wurde mir ein Zimmer zugeteilt. Alle zwei Stunden musste ich zum CTG, um zu kontrollieren, wie es dem kleinen Mann geht. Am ersten Tag hatte sich leider nichts getan. Ich hatte zwar leichte Wehen, aber der Muttermund hatte sich nicht weiter geöffnet und der Gebärmutterhals stand noch. Am zweiten Tag bekam ich ein Gel zur Einleitung. Die Wehen des Vortages hatten sich eingestellt. Wieder musste ich alle zwei Stunden zum CTG und sollte dazwischen spazieren gehen. Am frühen Nachmittag wurde mir noch einmal ein Gel eingeführt. Der Befund war allerdings unverändert, obwohl ich alle drei Minuten leichte Wehen hatte. Es waren nur Senkwehen. Da die Wehen schon recht schmerzhaft waren, bekam ich zum Abend ein Schmerz- und ein Schlafmittel, damit ich mich die Nacht über ausruhen konnte. Am dritten Tag bekam ich wieder ein Gel. Der Befund war leider immer noch unverändert. Unterstützend bekam ich noch homöopathische Mittel und Akupunktur. Der Plan für den Tag war, dass ich an den Wehentropf angeschlossen werde und eine PDA bekomme, damit ich mich entspannen kann. Zu diesem Zeitpunkt ging ich davon aus, dass er an diesem Tag auf die Welt kommen würde. Leider war dem nicht so.
Gegen Mittag wurde mir eröffnet, dass wir vorerst pausieren. Wieso wurde mir nicht so recht erklärt. Ich war total sauer und wollte es nicht akzeptieren, daher lief ich zusammen mit meiner Mutti über eine Stunde die Treppen der Klinik hoch und runter, um Wehen auszulösen. Ich hatte auch leichte Wehen, aber es ging nicht wirklich voran. Was mir gesagt wurde war, dass meine Entzündungswerte täglich stiegen. Daher

bekam ich auch Antibiose. Verstanden habe ich das alles jedoch nicht. Vor lauter Aufregung und Vorfreude auf den kleinen Mann fragte ich auch nicht nach. Im Nachhinein stellte sich heraus, dass ich eine beginnende Gestose, eine Schwangerschafts-vergiftung hatte. Mittlerweile kann ich nur sagen, zum Glück haben wir uns für die Einleitung entschieden. Wer weiß, was passiert wäre, wenn wir gewartet hätten. Allerdings sollte man darüber gar nicht nachdenken. Die Vorstellung allein ist sehr beängstigend, zum Glück ist alles gut gegangen.

Am vierten Tag war der Befund noch immer unverändert. Im Kreißsaal wurde ich bereits mit OP-Hemd empfangen, worüber ich sehr verwundert war. Die Hebamme erklärte mir, dass ich einen Wehentropf bekomme und das es üblich ist, mich für eine Operation vorzubereiten, für den Fall, dass es kurzfristig doch zu einem Kaiserschnitt kommt. Widerwillig zog ich das OP-Hemd an, freute mich aber, dass es nun soweit war. Denn sie versicherte mir, dass mein Sohn an diesem Tag das Licht der Welt erblicken würde. Neun Uhr schloss sie mich an den Wehentropf an. Da mein Sohn zu diesem Zeitpunkt noch nicht im Becken lag, durfte ich nicht aufstehen. Zudem war ich die ganze Zeit am CTG-Gerät angeschlossen, um die Herzfrequenz und die Wehentätigkeit zu überwachen. Durch den Wehentropf hatte ich regelmäßige Wehen, die man im CTG jedoch nicht sehen konnte. Was mich ehrlich gesagt ziemlich frustrierte, immerhin waren die Wehen schon recht schmerzhaft. Die Hebamme erklärte mir, dass das CTG in erster Linie die

Geburtswehen wahrnimmt. Die Wehen, die ich hatte, saßen zu tief und wurden daher nicht richtig aufgezeichnet. Zudem würde ich die Wehen stärker empfinden, weil es bereits der vierte Tag der Einleitung war und mein Körper geschwächt sei. Die vier Tage spürte ich bis dahin gar nicht. Die Vorfreude auf mein Kind hatte mich angetrieben. Gegen elf Uhr hatte ich die erste richtige schmerzhafte Wehe. Im Geburtsvorbereitungskurs hatte ich einige Positionen gelernt, mit denen ich die Wehen besser aushalten und wegatmen könnte. Wie man Wehen liegend - in Seitenlage - wegatmet wurde uns jedoch nicht erklärt. So lag ich da schmerzerfüllt und fühlte mich wie ein Käfer, der auf dem Rücken liegt und verzweifelt versucht, sich umzudrehen. Die Wehe dauerte gefühlt zehn Minuten. Mit der Zeit fing ich an zu wimmern und sagte zu meiner Mutti, dass ich eine PDA wolle.

Sie nahm mich zunächst nicht ernst, bis ich vor Schmerzen richtig anfing zu weinen und sie bat, sofort die Hebamme zu holen. Diese reagierte schnell und ließ die Anästhesistin kommen, die mir gegen 12 Uhr eine PDA setzte. Die Schmerzen hörten sofort auf. Die Wehen allerdings auch. So lag ich dann die nächsten zwei Stunden im Kreißsaal zwar schmerzfrei, aber auch ohne Wehen und war fix und fertig. Die Hebamme meinte plötzlich, dass wir am Nachmittag mal überlegen müssten, wie es weiter geht. Diese Aussage verstand ich nicht, weshalb ich sie fragte, was das bedeuten soll. Sie meinte daraufhin, dass wir am Nachmittag entscheiden müssten, ob wir nicht doch einen Kaiserschnitt

machen. Als ich das hörte, verweigerte ich den Kaiserschnitt sofort und fing an zu weinen. Sie setzte sich zu mir und erklärte mir, dass wir nicht länger einleiten könnten. Dass es für den Kleinen zu anstrengend ist, was man bereits an seiner Herzfrequenz sehen konnte. Sie zeigte mir das CTG und ich erkannte, dass der Ausschlag seiner Herzfrequenz nicht mehr so gut war, wie an den Tagen zuvor. In dem Moment überfiel mich Panik und ich war sauer, dass mir das noch niemand zuvor erklärt hatte. Daran hatte ich gar nicht gedacht. Mir war zwar klar, dass die Einleitung auch für ihn anstrengend sein würde, aber nicht, dass es ihm schaden könnte. Obwohl ich das nicht wollte, sagte ich zu ihr, dass wir ihn dann doch holen.
Leider reichte diese Aussage nicht, ich musste es tatsächlich sagen. Ich musste sagen „Ich möchte einen Kaiserschnitt.“. Dieser Satz ging mir nur sehr schwer über die Lippen und kostete mich große Überwindung. Da ich meinem Kind nicht schaden wollte, wusste ich, dass es die richtige Entscheidung war. Die Hebamme meinte daraufhin, dass wir ja sehen werden und erstmal noch abwarten und später mit meiner Ärztin sprechen. Diese Aussage konnte ich nicht begreifen. Kurz zuvor erklärte sie mir noch, dass es meinem Kind immer schlechter geht und dann sollte ich noch ein paar Stunden warten. Das verstand ich nicht und machte einen riesigen Aufstand, dass ich den Kaiserschnitt sofort haben möchte. Sie und auch meine Mutti versuchten mich zu beruhigen, aber ich ließ mich nicht beirren, dafür hatte ich viel zu viel Angst, meinem Sohn zu schaden. Daher bestand ich

darauf, dass meine Ärztin sofort geholt wird und dass wir den Kaiserschnitt schnellstmöglich machen. Mittlerweile war es 14:45 Uhr. Keine halbe Stunde später war meine Ärztin da. Nach einer kurzen Untersuchung unterstützte sie mich in meiner Entscheidung und mir wurde die PDA für den Kaiserschnitt gesetzt. 15:30 Uhr brachte man mich in den OP-Saal. Meine Mutti war immer an meiner Seite. Sie bekam OP-Kleidung und durfte auch bei dem Kaiserschnitt dabei sein. Die Angst wich und ich freute mich einfach nur noch auf meinen Sohn. Im OP ging alles routiniert von statten. 16:00 Uhr war der Schnitt. Schmerzen hatte ich zwar keine, aber ich spürte ein Ruckeln und Ziehen an mir, so dass ich das Gefühl hatte, mich in die OP-Liege drücken zu müssen, um nicht herunter zu fallen. 16:05 Uhr kam mein Sohn auf die Welt, ein kurzer Schrei ging durch den OP-Saal und meine Mutti und ich fingen an zu weinen. Das Gefühl in diesem Moment kann ich nicht beschreiben, ich war einfach nur glücklich und erleichtert, dass es ihm gut geht. Er wurde mir kurz gezeigt und dann in ein Nebenzimmer gebracht, wo er gewogen und gemessen wurde. Meine Mutti ging mit und durfte den Rest der Nabelschnur abschneiden. Sie hat ihn in den ersten Minuten seines Lebens begleitet. Diese Minuten kamen mir ewig vor. Ich lag regungslos auf dem OP-Tisch und wartete darauf, dass man mir meinen Sohn bringt. Endlich war es so weit. Mein OP-Hemd wurde mir aufgebunden und er wurde mir auf meine Brust gelegt. Ich musste ihn die ganze Zeit anschauen und war voller Liebe für ihn. Alle Ängste und

Befürchtungen waren verschwunden. Er war mein Sohn, mein Leben. Die ganze Zeit konnte ich nur eins, ich musste ihm ständig sagen: „Du bist so hübsch. Du bist so hübsch…".

FSC
www.fsc.org
MIX
Papier aus verantwortungsvollen Quellen
Paper from responsible sources
FSC® C141904

Druck:
Canon Deutschland Business Services GmbH
im Auftrag der KNV-Gruppe
Ferdinand-Jühlke-Str. 7
99095 Erfurt